여유로운 마음가짐을 위한

완벽주의 해결하기

Jay Earley · Bonnie Weiss 공저 / 최태산 · 이성용 공역

학지사

LETTING GO OF PERFECTIONISM:
GAINING PERSPECTIVE, BALANCE, AND EASE
by Jay Earley Ph.D.

역자 서문

...

2012년 9월부터 동신대학교 일반대학원 상담심리학 박사 과정에서 일흔이 넘은 역자는 최태산 교수님의 지도하에 Jay Earley 박사의 『Interactive Group Therapy』를 교재로 하는 집단 상담 공부를 시작했다. 원서의 일정 부분을 각자 나누어 번역해서 발표하고 토론하는 방식으로 진행되었다. 역자는 관련 자료를 검색하면서 Jay Earley 박사가 전개하는 방대한 이론들에 점점 빠져들면서 등줄기에 짜릿한 느낌을 주는 큰 감동을 받았다. 인간 정신세계에 대한 Jay Earley 박사의 통찰은 상담 심리에 대한 새로운 눈을 열어 주었고 상담심리학을 공부하면서 부딪쳤던, 잡힐 것 같으면서도 안개 속에 있는 것 같은 정신세계에 대한 의문을 풀 수 있으리라는 생각에 흥분했다. 특히 살아오면서 오랫동안 경험했던 완벽주의와 미루기 성향의 원인에 대한 해답을 찾은 것 같았고 인간 행동의 동기에 대해서도 새로운 시각을 가질 수 있게 되었다. 이에 Jay Earley 박사의 연구 결과를 우리나라에 소개하고 싶다는 절박한 심정으로 최태산 교수님과 Jay Earley 박사의 허락을 받아 번역 출판하게 된 것이다.

역자가 심리학에 관심을 갖기 시작한 것은 중학생 시절(1956년경)로 거슬러 올라간다. 어느 날, 매사에 매우 분석적인 어머니가 "아야, 사람은 자기가 아는 생각이 있고 자기는 모르지만 하나님은 아시는 속생각이 있단다. 네가 모르는 세상이 훨씬 크고 넓단다."라는 말씀을 하신 적이 있다. 나는 그 말씀을 듣고 너무 혼란스럽고 두려웠다. 무엇보다 '진짜 하나님이 계실까? 그리고 정말 어머니 말씀대로 하나님은 내 속마음을 다 아실까? 정말 어머니 말씀은 참일까?' 하는 다양한 의문으로 날을 지새웠다. 그 후 나는 까까머리 철학자였고 소설가가 되었다. 이러한 본질에 대한 질문은 나의 독서열을 불타오르게 하였고 새로운 지식에 대한 목마름으로 미국 문화원까지 출입하게 되었다. 이처럼 나의 중등시절은 온통 인간에 대한 깊은 관심으로 채워졌다.

자연스럽게 겉으로 표출되는 사람의 행동보다는 그 행동을 움직이는 깊은 무엇, 그리고 보이는 현상보다는 보이지 않는 본질의 세계, 그리고 행동의 동기에 관심을 갖게 되었고 나름대로 분석적인 접근을 시도했다. 예를 들면, 어른들의 이야기 가운데 "고기를 먹으면 머리가 미련해진단다."라는 말을 듣고 '아하, 아이들에게 고기를 먹지 못하게 하고 자기들만 먹겠다는 거구나.'라고 생각했다. 그리고 일반적으로 통용되는 이야기들도 다시 생각하게 됐고 결혼을 앞두고 아내 될 사람에게 "부부 일심동체라는 말이 있지만 부부는 이심이체가 맞다. 너의 아픔을 내가 똑같이 느낄 수 없고 나의 아픔 역시 네가 똑같이 느낄 수 없다. 서로 다른 감정을 존중해 주어야 한다. 부부싸움 칼로 물 베기라는 말도 맞지 않다. 한 번 한 말은 영원히 지워지지 않고 쌓여 간다. 싸우지 않는 것이 좋다. 그러나 하루에도 몇 번씩 싸울 일이 생길 것인데 그 일이 이혼할 정도가 아니라면 잠깐만 참아라. 나도 그렇게 하겠다."라는 말을 하였고 우리 부부는 결혼 40년이 넘었지만 부부싸움의 경험이 없다.

자녀 양육에 관해서도 아이의 타고난 재능을 발견하고, 발전시키기 위한 양육이 아니라 부모들이 만들어 놓은 어떤 틀에 맞추어 넣는 통제를 위주로 하는 부모 중심의 양육방식이라고 생각하고 속으로는 "자유, 자유"를 외치면서 반항했지만 따를 수밖에 없었다. 그 때 내가 부모가 되면 나의 자녀에겐 '자유'를 주리라고 다짐했다. 예를 들면, 아이가 초등학교 다닐 때 아이의 엄마에게 '공부하라'는 말을 하지 못하게 하고 나는 "너희는 지금 크고 있으니깐 잘 놀면 된다. 우리는 하나님으로부터 공부하라는 숙제로 두뇌를 선물로 받았는데, 언젠가 너희들이 공부해야 하겠다는 생각이 들 때 시작하면 된다."라고 하고 가장 중요한 것은 새로운 것에 대한 '호기심'이라고 이야기 해 주었다. 나의 아이들은 초등학교 입학 이후부터는 지금까지 부모와 의논은 하지만 모든 결정은 자신들이 해 오고 있으며 역자는 아이들을 믿었고 아이들의 선택을 존중했다. 지금 내 아이들은 '엄마 아빠가 자기들을 잘 키웠다'고 한다.

뒤돌아보면 이런 엉뚱하고 삐딱할 수 있는 아들을 믿어주시고 격려해 주신 부모님, 너무도 야속해 보일 수 있는 남편을 이해하고 함께해 준 사랑하는 아내, 너무 일찍 심리적으로 독립시켜 힘들 수 있었을 텐데도 감사하게 받아준 귀한 자녀들이 너무 감사하고 감사하다.

이제는 이 책에 관한 이야기를 하자.

우리는 매일 생활에서 정도의 차이는 있겠으나 완벽에의 욕구로 인한 불안, 걱정으로 고통을 받고 있는 것 같다. 우리는 행동의 기준이나 우리에게 요구되는 작업을 수행하는 데 지나치게 높은 수준을 설정하고 완벽하게 하고자 하기 때문에 스트레스를 많이 받을 수 있다. 우리는 자신이 한 일에 대해 만족하지 못하거나, 진행하고 있는 일의 결과에 대해 불안해하거나, 계속 미루기를 하거나 프로젝트를 피할 수 있다. 우리는 끊임없이 우리의 작업에 만족을 하지 못하고 좀 더 개선되어야 한다고 생각하면서 주변의 다른 사람 이야기에 관계없이 자신을 비판할 수 있다. 우리는 완벽해지려는 노력으로 인하여 우리의 삶에서 여유, 즐거움, 사랑, 창의성 등을 위한 시간을 남겨두지 못하고 균형을 잃어버린 삶을 살고 있을 수 있고 그만큼 다른 사람을 괴롭힌다. 또한 완벽하게 해내지 못할 것 같으면 아예 시작도 하지 않으면서 미루기를 한다.

Jay Ealrey 박사는 완벽주의자들의 정신세계를 정확히 이해하고 근원적으로 치유할 수 있는 방법을 제시함으로써 우리가 완벽주의에서 벗어나서 균형 잡히고, 여유롭고, 행복한 삶을 살면서 우리의 일을 탁월하게 수행할 수 있도록 도와준다.

이 책은 Jay Earley 박사의 『Letting Go of PERFECTIONISM』을 번역한 것이다. 이 책은 패턴 시스템을 기초로 하고 내면가족체계 치료 이론과는 보완관계에 있다. 패턴 시스템은 인간 정신세계의 포괄적이고 세밀한 심리학적 지도를 제공하고 내면가족체계 치료 이론은 심리적 문제들의 치료와 변형을 위한 강력한 방법을 제공한다.

패턴 시스템은 Jay Earley 박사가 40여 년 동안 내담자들의 행동, 감정, 숨겨진 심리적 문제들 그리고 그러한 것들의 어린 시절 근원들을 관찰하면서 창안·발달시켜 왔다. 이는 심리적 치유와 개인적 성장, 그리고 자신의 성격을 이해하는 방법이다. 또한 다른 사람들이 왜 그렇게 반응하는지, 왜 그런 식으로 행동하는지 등 다른 사람을 이해하는 것을 도와준다.

내부 갈등의 구조를 이해하고 당신에게 가장 중요한 문제를 해결하기 위해 탐색해야 할 것이 무엇인지 명확하게 해 준다. 반드시 치유되어야 할 상처, 고통, 수치 그리고 두려움 밑에 깔려 있는 근원을 알게 될 것이다. 당신이 보다 행복하고 생산적인 삶을 만들기 위해 어떠한 심리적 역량을 개발할 수 있는지를 알 수 있게 된다.

패턴 시스템은 모든 인간은 각각 독특하기 때문에 어떤 틀에 맞추어 넣을 수 없다고 주장한다. 패턴 시스템은 각각 심리적인 기능의 영역에 해당하는 친밀감, 힘, 또는 자존감 등과 같은 차원들로 구성되어 있으며 각각의 차원 내에서 당신의 핵심 문제가 무엇인지, 어떤 방어기제가 작용하고 있는지, 어떤 심리 역동이 핵심 문제의 바닥에 깔려 있는지를 보여 준다. 또한 어떤 건강한 역량을 가지고 있을지, 문제를 해결하고 보다 효과적이고 행복하게 기능하도록 하기 위해 어떤 역량을 개발할 수 있는지를 보여 준다.

내면가족체계 치료 모델은 두 패러다임의 새로운 통합이다. 이 모델은 리처드 슈워츠(Richard C. Schwartz, Ph.D.)가 제시하였으며, 개념의 하나는 마음의 다양성, 즉 우리 모두가 여러 가지 다양한 인격체를 가지고 있다는 것이고 다른 하나는 체계적 사고이다.

슈워츠는 "우리는 인간을 이해하는 방법을 전환시켜야 할 시점에 와 있다."고 주장한다. 만약 우리가 본질적으로 다양성을 가진다면 우리의 극단적인 감정 혹은 사고들은 병리적인 증상이 아니라 우리의 작은 부분들의 극단적인 결과인 것이며 전통적으로 획일적인 진단들의 결과를 이끄는 많은 의학적 혹은 정신적 증상들은 그 개인이 생존하기 위해 만든 내면 인격체의 표현이라는 다양성의 관점에서 이해할 수 있다는 것이다. 개인의 질병을 진단내리지 않고 오히려 다양성을 받아들이는 치료사들은 개인의 어떤 부분이 고통스러운지, 왜 고통스러운지를 이해하기 위해 그 개인 내적 부분들의 체계를 탐색하도록 도울 수 있다.

다양성은 인간의 마음을 하나의 단일체로 보는 시각에서 벗어나 상호작용하는 정신체계로 보도록 해 준다. 이러한 변화는 가족, 조직, 문화, 그리고 사회를 이해하기 위해 사용되었던 체계 사고와 동일하다.

우리는 때때로 우리 삶에 어려움을 초래하는 고통스러운 감정과 파괴적인 충동을 경험한다. 이러한 것이 바로 사람들이 심리치료자를 통해 도움을 구하려고 하는 이유다. 내면가족체계 치료 모델에 의하면 문제를 일으키는 정서나 욕구의 실제적인 요인은 '하위 인격체'라고 부르기도 하는 내면의 어떤 부분들이다. 이러한 '부분들'은 우리 내부에 존재하는 작은 사람과 같다. 각각의 부분은 각자 독특한 감정, 동기, 그리고 세상을 보는 관점을 가지고 있다.

인간의 마음은 때로는 비합리적인 감정들을 느끼는 여러 면으로 되어 있다. 이러한 여러 면은 각자의 마음을 가지고 다른 부분들과 상호작용을 하는 복잡한 체계로 구성되어 있다. 이것은 마치 내부 가족과 같다. 상처받은 아이, 충동적인 십 대, 완고한 성인, 지나치게 엄격한 부모, 돌보는 친구, 양육적인 친척 등으로 이루어진 하나의 자연스러운 가족과 같다.

또한 이 모델은 통합적이며 비 병리적인 즐거운 심리치료 형태를 만들어 준다. 사람들이 질병에 걸렸거나 결핍되었다고 보지 않고, 개인이 필요로 하는 모든 자원을 그 개인이 가지고 있다고 보기 때문에 비 병리적이다. 자원이 부족해서가 아니라 그들 자신 속에서 그리고 주변 사람들과의 관계 때문에 타고난 강점들을 사용하는 데 구속받고 있다. 이 모델은 이 구속에서 해방되도록 돕기 위해 고안되었으며 구속에서 해방됨으로써 그동안 묶여 있던 개인의 자원들이 풀려나게 된다.

　이 책은 우리가 고통 받고 있는 완벽주의에 관하여 새로운 관점으로 접근하고 있으며 비교적 구체적이고 현실적인 방법으로 완벽주의의 동기를 탐색하고 이에 대해 작업함으로써 완벽에의 욕구를 떨쳐버리고 여유로움과 행복한 삶을 살 수 있도록 도와줄 수 있다.

　이 책을 읽는 많은 독자들이 완벽주의의 고통에서 벗어나 참된 자유를 향유할 수 있게 되기를 바란다.

　끝으로 이 책을 출판할 수 있도록 허락을 해 주신 김진환 사장님과 열과 성의를 다하여 편집을 해 주신 이철민 씨에게 진심으로 감사의 말씀을 드린다.

2015년 1월

역자 이성용

저자 서문

...

　당신은 자신이 한 일에 대해 결코 만족할 수 없다고 느끼는가? 당신은 쉬지 않고 프로젝트에 매달리거나 또는 마감시간 바로 직전까지 프로젝트를 밀고 가는가? 당신은 그 결과의 불확실성에 대한 두려움 때문에 프로젝트를 시작하는 것조차 어려운가? 당신은 일을 계속할 수 없어서 컴퓨터만 바라보고 있는가? 당신은 자신의 외모, 집, 자녀들이 완벽해야 하고, 그렇지 않으면 패배자라고 느끼는가? 실수를 하는 것은 당신이 할 수 있는 것 중 가장 최악의 것이라고 믿고 있는가?

　만약 이러한 질문 중에 '예'라고 대답하는 것이 있다면, 당신은 완벽주의 때문에 고통을 받고 있는 많은 사람 중 한 명일 수 있다. 만일 그렇다면, 당신은 실제로 그 과업이 필요로 하는 완성도를 훨씬 초과하는 완벽을 추구하고 있을 수 있다. 당신에 대한 이러한 지나친 요구는 일에 너무 많은 시간을 소비하게 만들기 때문에 일을 제시간에 마무리하지 못할 수 있다. 그러다 보니 당신은 미루기를 하거나 프로젝트를 피할 수 있다.

　완벽주의는 당신을 불안하게 하고 많은 걱정을 하게 할 수 있다. 이것은 당신의 삶에서 여유롭고 즐겁고 재미있는 시간을 빼앗아 버릴 수 있다. 당신은 일이나, 완벽하게 끝내고 싶은 다른 계획에 너무 많은 시간을 소모하고 가족, 친구들, 사랑과 창의성을 위해서는 거의 시간을 남겨 두지 않기 때문에 당신의 삶은 균형을 잃어버릴 수 있다.

이 책은 이러한 완벽을 향한 욕구를 떨쳐버리도록 도와줄 수 있다. 이는 당신이 보다 확실한 현장감을 갖고 매 순간을 살아가며, 결과에 덜 집착하도록 도와줄 수 있다. 당신은 '만족스럽다'라고 느끼는 순간을 알아차리고 일이 자연스럽게 귀결되도록 하면서, 완벽해져야 한다는 강박관념 없이 당신의 일을 완수할 수 있게 될 것이다. 이 책은 보다 즐겁고 가벼운 느낌을 가지고 물 흐르듯 당신의 일을 하는 것을 도와줄 것이며, 무리해서 밀어붙이는 일이 없어도 추진 과정에서 지금까지와 다른 편안한 방법(relaxed way)으로 살아갈 것이다. 당신은 사회적 교제, 여유, 즐거움 그리고 건강 등과 같은 다른 욕구를 위해 시간을 할애할 수 있게 될 것이다.

균형 잡히고, 여유롭고 행복한 삶을 살면서 일을 탁월하게 수행하기 위해 무엇이 필요한지, 그리고 일에 임하는 여유로운 자세에 대한 조망을 얻을 수 있도록 우리는 당신이 이 책을 읽고 과제를 수행하도록 초대한다.

패턴 시스템과 내면가족체계 치료

...

이 책은 기본적으로 패턴 시스템을 기초로 하였다. **내면가족 체계 치료**(IFS)는 우리가 사용하고 또 가르치고 있는 매우 강력하고 사용하기 쉬운 심리치료 방법이다. IFS와 패턴 시스템은 서로 보완한다. 패턴 시스템은 인간 정신세계의 심리학적 내용의 원리를 제공하고, 반면에 IFS는 심리적 문제들의 치료와 변화를 위한 강력한 방법을 제공한다.

우리는 당신이 IFS, 또는 패턴 시스템에 대한 이해가 전혀 필요 없이 이 책을 이해할 수 있도록 저술하였다. 이미 IFS를 알고 있는 사람들은 이 책의 개념들이 IFS 이론과 완전히 조화됨을 알 수 있을 것이고, 당신 자신에 대한 작업을 한 단계 높여 줄 것이다. 우리는 제1장에서 IFS가 이 책에서 서술된 작업을 강화시키는 데 어떻게 도움이 될 수 있을 것인가에 대해 설명한다.

이 책의 이용 방법

당신은 이 책을 이용하여 당신의 **완벽주의자** 패턴 또는 다른 사람의 패턴을 탐색할 수 있다. 이 책은 독자의 패턴에 초점을 두고 저술되었다. 그러나 당신이 배운 것을 다른 사람에게 쉽게 적용할 수도 있다. 완벽주의를 이해하면 당신은 완벽주의자 패턴을 가진 사람에 대해 연민의 정을 느낀다든가, 그런 사람과 상호작용을 하는 데 도움이 될 수 있다. 제2장은 특히 다른 사람을 파악하는 데 도움이 되는 내용을 다루고 있다.

http://www.personal-growth-programs.com/letting-go-of-perfectionism-owners를 방문해서 이 책의 소유자로 등록하라. 그러면 나는 바로 e-book version을 보내 줄 것이다. 이 시리즈의 이어지는 책들을 저술하면서 이전 책에서 개선해야 할 필요가 있었던 점들에 신경 쓰고 있다. 이 책의 소유자로 등록을 하면 책을 개정할 때마다 최근의 e-book version을 메일로 보낼 것이다. 그리고 새로운 책이 나오면 당신에게 알려 줄 것이다.

이 책은 워크북이지만 http://www.personalgrowthapplication.com/Pattern/PerfectionistPatternWorkbook 웹 사이트가 있으며, 이 책과 같은 진행이다. 이 책에는 당신이 점검하고 빈칸에 기록해야 할 곳이 많다. 당신은 이 책을 이용해서 직접 작업할 수 있고, 대신에 웹 워크북을 활용할 수도 있다. 웹 워크북에 있는 당신과 관련된 정보는 당신의 이름과 비밀번호로 보호되고 안전하게 관리된다. 언제나 당신은 웹 워크북으로 와서 당신의 답변을 확인하고 변경할 수 있으며, 인쇄할 수도 있다. 또한 제 7장의 삶의 훈련 과정을 착수할 때 어느 워크북이나 사용할 수 있다.

이 책은 당신의 변화를 돕는 것이 목적이다. 따라서 워크북에 충실하게 기록하고 당신의 삶을 보다 여유롭게 하기 위한 훈련을 하는 것이 매우 중요하다.

우리는 이 책을 읽고 완벽주의를 벗어나는 일을 서로 지지하려고 하는 사람들의 온라인 커뮤니티를 형성하고 있다. 당신은 http://www.personalgrowthconnect.com에서 온라인 커뮤니티를 발견할 수 있다. 우리는 이 책을 읽으면서, 그리고 특히 제7장의 훈련을 착수하면서 서로 대화할 수 있는 친구를 찾아낼 수 있도록 도와줄 것이다. 당신은 또한 **완벽주의**와 관련된 같은 문제를 다루고 있는 다른 사람들, 당신의 분투, 성공을 나누는 토론과 전화 만남에 참여할 수 있다. 전화와 토론은 우리 중 동료들 중 한 사람이 주선할 것이며 당신의 질문에 우리가 답변을 해 줄 것이다.

우리의 이러한 지원은 당신이 이 책으로 인하여 완벽주의에서 성공적으로 벗어나는 데 필요한 모든 변화를 가능하게 만들어 줄 것이다. 이것은 우리의 책과 웹 사이트 그리고 프로그램을 통하여 개인적 성장과 치유를 위한 작업을 하는 사람들의 보다 큰 공동체(community)의 한 부분이다.

이 책의 다양한 곳에서 많은 다른 패턴이 소개될 것이다. 이 대부분은 당신이 선택하면 더 세밀하게 탐색할 수 있다. 만약 당신의 완벽주의자 패턴과 관련된 도움만을 받기를 원한다면 부담 없이 이러한 패턴을 무시하고 진행하라. 이 패턴들을 다 기억하고 이해하는 것이 중요한 것이 아니다. 당신이 필요한 도움을 얻기 위해 그냥 계속해서 읽어나가라.

우리는 이러한 흥미진진한 내면으로의 여행길에 들어서려는 당신의 의지를 축하한다. 당신은 완벽주의자 패턴이 어떻게 작동하는지, 그 밑에 깔려 있는 무의식적 동기들은 무엇인지, 그리고 어렸을 때의 어떤 경험에서 유발되었는지에 대해 곧 발견할 것이다. 당신은 이러한 패턴과 완벽주의 내부 비판자를 변화시키는 방법을 발견할 것이다. 당신은 **여유로움 역량**(Ease Capacity)의 여러 측면과 그들을 개발, 활성화시키는 방법을 탐색할 것이다. 궁극적으로 당신은 작업을 효율적으로 완료하면서, 삶에서 여유로움과 균형을 잡을 수 있는 기회를 얻을 것이다.

차 례

. . .

완벽주의자 패턴

만약 당신이 **완벽주의자 패턴**을 가지고 있으면 당신은 모든 것을 완벽하게 하려고 노력할 것이다. 당신은 행동 그리고 특히 당신이 만드는 모든 결과물 또는 자신에게 요구된 과제들에 대해 지나치게 높은 기준을 가지고 있을 것이다. 이러한 패턴을 가지고 있으면 모든 것을 완벽하게 완성해야 한다는 지나친 걱정 때문에 임박한 글쓰기 프로젝트, 보고서, 서류 또는 발표가

당신을 매우 불안하게 하는 것을 느낄 수 있을 것이다. 당신은 자신의 작업이 불완전하고, 다른 사람이 보기 전에 반드시 개선해야 한다고 언제나 생각할 수 있다.

이러한 패턴을 가지고 있으면, 당신은 오직 결점에만 초점을 맞추기 때문에 당신이 작업한 것이 제대로 되었는지 의심할 수 있다. 당신의 **완벽주의자**는 단점에만 초점을 맞추어서 작업이 만족스럽지 않다고 하며, 다른 사람이 보기 전에 반드시 개선되어야 한다고 당신에게 강요한다. 완벽주의자는 당신이 평범하게 보이거나 또는 심지어 당신의 일이 아주 특별해 보이지 않을 것 같은 위험 부담은 원치 않는다. 관문을 통과하기 위해서 당신은 완벽해야 하고 결함이 없어야 만점을 맞는 것이다. 그 결과는 당신이 실제로 필요한 것보다 훨씬 더 격렬하고 더 장기간에 걸쳐 프로젝트를 수행하게 만든다.

물론 당신이 완벽하거나 거의 완벽에 가까워야 하는 경우도 가끔은 있다. 예를 들어, 교정을 본다든가 운동경기를 하는 경우다. 그러나 대부분 실제로 필요하지 않을 때 당신이 완벽하게 하려는 자신을 발견하면, 이것은 완벽주의자 패턴을 나타내는 것이다.

만약 당신이 강력한 완벽주의자 패턴을 가지고 있다면, 종종 마감 시간에 임박한 순간까지 아무것도 제출할 수가 없거나 또는 늦게 제출하게 된다. 당신은 단점이 노출되거나, 비판을 받거나 또는 심한 경우 조롱을 받을지도 모른다는 위험 부담 때문에 프로젝트를 끝내는 것을 두려워할 수 있다.

만약 당신의 완벽주의자 패턴이 완벽하지 못한 것에 대해 자신을 비판하는 경우, 이것 또한 **완벽주의 내부 비판자**다. 내부 비판자는 우리를 비판하고 자신에 대해 좋지 않은 느낌을 갖도록 하는 부분이다. 내부 비판자에는 몇 가지 특색이 있다.

완벽주의 내부 비판자는 당신의 한 부분으로, 당신이 한 노력의 성과를 보고 '바보 멍청이' '게으른 놈' '되는대로 되는 놈' 등과 같이 말하면서, 당신을 혹독하게 비판하고 못마땅해 하는 부모나 선생님을 회상하는 부분이다. 당신은 다른 사람이 어떻게 다른 이야기를 하더라도 관계없이 이러한 믿음에 매달려 있다. 당신은 또한 다른 사람이 당신의 일에 대해 칭찬을 하는 것을 받아들이기 어려울 수 있다. 당신의 완벽주의 비판자는 전적으로 당신의 불완전한 것에만 초점을 맞추고 당신이 잘한 일에 대해서는 인정하지 않을 것이다.

완벽주의자 패턴은 당신의 외모와 관련해서 돋보이게 하려 할 수 있다. 당신은 흠잡을 데 없이 차려 입어야 하고, 어떤 상황에서도 완벽하게 예절을 갖춰 행동해야 한다고 믿고 있을 수 있다. 당신은 흠잡을 데 없고 아름다운 집을 유지하며, 심지어는 완벽한 가족을 가지려고 분투할 수 있다. 강력한 완벽주의자 패턴을 가지고 있으면, 어떤 잘못도 절대적인 실패라고 믿으면서 모든 상황에서 완벽한 선택을 하기 위해 바짝 긴장을 하고 있을 수 있다.

각각의 패턴은 그 사람에게 문제를 일으키는 잘못된 믿음을 가지고 있다. 여기에 한 가지 완벽주의자 패턴이 있다. "당신은

언제나 완벽해야 해. 절대적으로 완벽한 것이 아니면 어느 것
도 받아들일 수 없어."

　사람들은 완벽주의와 관련해서 여러 가지 가능한 역동을 가
질 수 있다. 이 책에서 우리는 당신의 패턴을 이해하고 그것을
변화시킬 수 있도록 당신이 완벽해지고자 애쓰는 여러 방법과
그 이유를 나열할 것이다.

1. 완벽주의자 패턴의 사례

　이야기는 언제나 학습의 탁월한 도구가 되어 왔다. 다른 사람
의 이야기에서 자신의 윤곽을 쉽게 알아차릴 수 있다.

　제레미는 언제나 빈틈없고 영리하다. 당신이 그와 함께 잠깐
시간을 보내면 바로 알 수 있다. 만약 당신이 좀 더 오래 같이
어울리다보면 그가 창의적이고, 예술적이고, 쉽게 독창적인 생
각을 하는 것을 알게 된다. 그는 성공의 보증 수표를 쥐고 있는
것 같지만, 실제로는 그렇지 않다.

　제레미의 집안은 그의 역량을 지지해 주지 않았다. 그는 도전
적인 일이 아니면 몰두하지 않는 편이지만 프로젝트를 마무리
해야 하는 순간에는 집중해서 서두르는 경향이 있다. 그의 아
버지는 항상 엄격했고 비판적이었으며, 자신의 삶에 대해 매우
실망하고 있었던 것과 같이 제레미에 대해서도 매우 자주 실망
을 표현하곤 했었다. 둘은 계속 충돌하곤 했다.

제레미가 집을 떠났고, 자신의 재능을 가지고 성공할 수 있는 좋은 기회를 만나기 시작했다. 그는 실리콘 벨리에서 상사들을 즐겁게 하고, 자신의 탁월한 능력을 보여 주기를 원했다. 때때로 그는 마음속 깊은 곳에서는 불가능한 과업이라고 알고 있을 때에도 그 프로젝트를 떠맡고 지킬 수 없는 약속을 하곤 했다. 하지만 그는 대개 자신의 일을 거의 기한 내에 완수했다.

불행하게도, 어느 순간 그의 완벽주의자가 "너는 더 잘할 수 있어."라고 말하면서 치고 들어왔다. 그는 그 일을 완벽하게 하기 위해서 밤새도록 일을 하곤 했다. 그 결과 늦게 출근하거나 결근하기도 했다. 상사들은 그가 게으르고 자신의 일을 심각하게 받아들이지 않는다고 생각하게 됐다. 그는 도움을 요청하거나 심지어 상사들에게 일의 실제 진행 상황을 보고하는 것조차 지나치게 두려워하게 되었고, 보고를 하면 자신이 모자란 사람으로 보일 것이라고 걱정을 했다. 그렇게 해서 그는 점점 뒤처지고 기회를 모두 잃어버리게 됐다. 당연히 결과적으로 주변 사람들을 화나게 했다.

나이 23세에 그는 완전히 벽에 부딪쳐 버렸다. 대단한 재능과 매우 많은 경험이 쌓였는데도 그는 더는 일을 추진할 수 없게 되었다. 제레미는 자신의 완벽주의와 화해를 하고, 자신의 통제권을 회복할 필요가 있다고 확신했다. 제레미가 패턴 시스템을 학습할 때 완벽주의자 패턴과 그 패턴이 자리 잡고 있는 이유를 좀 더 이해하기 시작했다. 제레미의 이야기는 제3장에서 계속된다.

2. 완벽주의자의 행동과 느낌

다음은 완벽주의자 패턴에서 나오는 일반적인 행동과 느낌
이다.

□ 나는 항상 좀 더 잘할 수 있다고 생각해서 프로젝트를 끝
   맞추는 일이 힘들다.
□ 나는 일을 하는 데에는 '옳은' 길이 있다고 믿는다.
□ 나는 내 실수에 대해 엄격하게 비판한다.
□ 나는 일의 결과가 만족하지 못할 것 같아서 일을 시작하는
   것이 힘들다.
□ 나의 외모가 흠잡을 데가 없어야 한다고 믿는다.
□ 나는 완벽하지 못한 것에 초점을 맞추고 그것 때문에 괴로
   워한다.
□ 나는 내가 한 일이 충분히 잘됐다고 생각하지 않기 때문에
   나의 일에 대한 칭찬을 받아들이기가 어렵다.
□ 나는 생각나는 모든 문제를 완벽하게 처리하지 않으면 스스
   로 게으르고 될 대로 되라는 식이라고 나 자신을 비판한다.
□ 다른 행동들 _____

_____

□ 다른 느낌들 _____

_____

만약 당신이 이 책이나 다른 종이에 당신의 답을 써가기보다는 웹 워크북을 사용하기를 원하면 http://www.personalgrowthapplication.com/Pattern/Perfectionist Pattern Workbook/Perfectionist_Pattern_workbook Behaviors_and_Thoughts.aspx.를 방문하라.

이러한 모든 행동을 해야 완벽주의자 패턴을 가졌다고 하는 것은 아니다. 한 가지 행동을 한다고 했을 때에도 그러한 행동이 항상 지속되고 있어야 한다는 것도 아니다.

당신의 완벽주의자 패턴이 항상 작동하고 있을 수도 있고, 이 패턴이 어떤 특별한 상황에서만 유발될 수도 있다. 예를 들어, 당신이 완성해야 할 중요한 프로젝트를 해야 할 때, 또는 중요한 사회적 행사에 참여하기 위해 정장을 차려 입어야 할 때 등이다. 당신의 완벽주의를 유발하는 상황에 대해 생각해 보라.

3. 완벽주의적 생각

생각을 주의 깊게 살펴보면, 당신은 **완벽주의**와 연결된 어떤 것을 알아차릴 수도 있다. 당신이 스스로를 파악하기 위한 몇 가지 예를 제시했다. 당신의 경우는 어떤 것인가? 어떤 상황에서 그러한 점이 떠오르는가?

- □ 그것은 만족스럽지 않아.
- □ 너는 그것보다 더 잘할 수 있어. 완벽해야 해.
- □ 그것은 받아들일 수 없어.
- □ 너는 처음부터 일을 완벽하게 할 수 있어야 해.
- □ 그것이 뛰어나고 완전한 것이 될 수 없다면 시도조차 하지 마라.
- □ 그들은 너에게서 더 나은 것을 기대하고 있어.
- □ 옳은 길은 하나밖에 없어. 너는 그 길을 따라가야 해.
- □ 그것이 완벽하기 전까지는 너는 일을 한 것 아니야.
- □ 너는 어떤 것도 제대로 할 수 없어.
- □ 그것이 완벽할 때까지 계속 노력해야 해.
- □ 너는 그런 초라한 일을 하고 있어.
- □ 완벽하지 못한 것은 받아들이지 마.
- □ 너와 관련된 것은 항상 완벽하게 보여야 해.
- □ 엉망진창이야. 너는 대책이 없어.

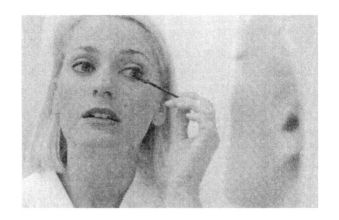

□ 모든 사람들과 모든 일에는 정해진 길이 있어.

□ 다른 행동들 _____

_____

□ 다른 느낌들 _____

_____

4. 완벽주의를 유발하는 상황

완벽주의자 패턴을 유발하는 전형적인 상황은 무엇인가? 예를 들어, 프로젝트, 테스트, 당신의 외모, 당신의 집, 위험한 주위 환경 중에서 당신이 완벽주의자 같이 되는 상황을 나열해 보라. 매우 구체적으로 기술하라(예를 들어, 작업 제안서 작성, 회의

에서의 발언, 과제 작성, 자녀들의 행동. 당신은 이 책의 뒷부분에서
이러한 과정을 하게 될 것이다).

---

5. 완벽주의자 패턴의 유형

완벽주의자 패턴에는 서로 다른 여러 유형이 있다. 당신과 가
장 가까운 것을 점검해 보라.

1) 불만족

당신은 아직 만족스럽지 않기 때문에 프로젝트와 관련해서
좀 더 노력해야 한다고 항상 믿고 있다. 당신은 그 일에 OK할
정도로 만족할 수 없기 때문에 지나치게 오래 매달린다. 당신
은 마감시간 직전까지 일을 하고, 기한을 자주 넘기곤 한다. 당
신은 단점이 노출되고, 비판받고, 심지어는 조롱당하는 위험을
무릅쓰게 되기에 프로젝트를 공식적으로 끝내기를 원하지 않
는다.

2) 창의성 차단

처음 했을 때부터 모든 것이 완벽해야 하기 때문에 당신은 아무것도 완성할 수 없다. 당신의 아이디어는 발표할 만큼 탁월하다고 생각하지 않기 때문에 그대로 묻어 버린다. 당신의 완벽주의 비판자는 학습자가 되거나 실험을 하는 것을 허용하지 않는다. 왜냐하면 그러한 상황에서 처음에는 일이 서투르고 완벽할 수 없어 비판을 받을 수 있기 때문이다.

예를 들어, 사라는 글 쓰는 일이 막혀서 고통을 받고 있었다. 그녀는 과제를 하기 위해 자리에 앉아 있곤 했다. 글을 쓸 수 있는 아이디어가 떠오른다. 그러나 "그것은 멍청한 생각이야. 아예 잊어버려!"라는 말이 들린다. 또는 "나는 이것을 진짜 잘 써야 해. 그렇지 않으면 상사가 볼 때 정말 수치스러울 거야."라는 말도 들린다. 그 결과, 그녀는 시작도 할 수 없게 될 것이다. 그녀는 그렇게 앉아서 글을 쓰려고 노력하지만 아무것도 하지 못할 것이다. 그녀는 비판받고 거절당하는 것이 너무 두려워서 아무것도 하려고 하지 않는다. 그녀는 거의 모든 사람이 처음 글을 쓸 때에는 서투르지만, 점차 잘 쓰게 된다는 것을 알지 못하였다.

3) 통제

당신의 세계는 완전히 통제되고 질서가 잡혀 있어야 한다. 당신은 모든 것을 제대로 해야 한다. 당신은 언제나 올바른 일을 하고 올바른 선택을 해야 한다. 당신의 가정과 가족은 완벽해야만 한다. 당신은 언제나 단정해야 하고 행동은 흠잡을 데가 없어야 한다. 당신은 자신의 행동에 대해 엄격하게 통제를 하고 그 결과 활력과 자율성을 잃어버리게 된다. 당신이 안전하게 느끼기 위해서 자신의 삶은 완벽하게 통제되고 예측할 수 있어야 한다.

4) 내부 비판자

당신이 완벽이라는 목표를 달성하도록 압력을 가하는 방법으로 당신의 완벽주의 내부 비판자는 당신이 비판자의 기대치에 맞지 않는 생활을 한다고 느낄 때마다 당신의 작업과 삶에 대해 비판을 하거나 수치스럽게 느끼게 한다. 그 비판자는 당신을 바보스럽고, 무능하고, 적당히 얼버무리고, 어울리지 않고, 좋지 않다는 등의 말을 한다. 당신은 결국에는 무가치하고 나약하고 적합하지 않다고 느낄 수 있다. 이 유형은 다른 것과 결합될 수 있다.

앞의 세 가지 방법으로 완벽해지려고 고군분투하면 내부 비판자가 없이도 앞의 세 가지 중 한 가지(또는 모두)의 완벽주의 유형을 가질 수 있다는 점을 주의하라. 당신이 완벽하기 위해 충분히 고군분투하지 않을 때 내부 비판자가 집행관(enforcer)으로 나타난다. 비판자의 공격은 당신이 완벽해지도록 보다 더 노력하게 만드는 데에 초점을 두고 있다.

당신이 이런 하위 패턴 중에 어떤 것을 갖고 있는지 알고 싶으면, http://www.personalgrowthapplication.com/Members/Questionnaire.aspx.Questionnaire=6에서 퀴즈를 풀어보라.

이러한 유형 중 일부는 당신이 완벽주의 작업을 하기 위해 탐색할 필요가 있을 수 있는 다른 패턴들과 연관이 있다.

이 책에 소개된 모든 다른 패턴과 역량을 다 기억할 필요는 없다. 당신과 관련된 패턴만 탐색하라. 패턴 시스템은 당신이 접하면 접할수록 점차 이해하게 될 것이다. 전체적인 시스템의 개관을 보려면 〈부록 A〉를 참고하거나 http://thepatternsystem.wikispaces.com을 방문하라.

당신이 가지고 있을 수 있는 이러한 패턴(그리고 이 책에 나오는 다른 패턴)을 읽으면서, 당신이 그러한 것 중 어떤 것을 가지고 있다고 해서 자책할 필요는 없다. 우리 모두는 우리를 위해 역기능적인 것들과 관계되는 여러 다른 패턴을 가지고 있다. 당신이 그런 패턴을 가지고 있다고 해서 결함이나 잘못이 있는 것이 아니다. 사실은 오히려 그 반대다. 당신이 이 책을 읽고 있는 것은 자신을 알고 자신의 패턴을 변화시키는 데 관심이 있기 때문이다. 자신을 알아가는 일을 시작한 것은 축하받을 일이다.

이 시점에서 당신이 완벽주의자 패턴이나 성취와 관련된 다른 패턴을 가지고 있는지 여부가 확실치 않으면 제8장을 읽고 성취 차원에 관한 퀴즈를 풀어 보라. 만약 완벽주의자 패턴을 가지고 있으면 다시 제2장으로 돌아와서 계속하라.

다른 사람의 패턴

이 장에는 많은 자료가 좁은 공간에 축약되어 있다. 천천히 읽고 무슨 내용인지 곰곰이 생각해 보라.

1. 당신의 완벽주의자 패턴은 주변인들에 대한 인식에 어떤 영향을 주는가

당신이 완벽주의자 패턴에 사로잡혀 있으면, 실제로는 그렇지 않은데도 다른 사람이 되는대로 패턴을 가지고 있다고 생각할 수 있다. 다른 사람이 일을 잘하고 있는데도 당신의 완벽주의에 대한 요구 때문에 그 사람이 적당히 얼버무리는 것처럼 보일 수 있다.

2. 당신의 완벽주의자가 다른 사람을 향할 때

　지금까지 우리는 완벽주의자 패턴이 당신을 향해 요구하고 비판하는 상황에 대해 논의해 왔다. 하지만 때때로 이 부분이 밖으로 주의를 돌려서 다른 사람을 완벽하게 하려고 노력하기도 한다. 이런 경우 아마도 당신은 다른 사람을 적당히 얼버무리고, 바보스럽고, 무능한 사람으로 볼 것이다. 당신은 그들이 당신의 피드백을 원하지 않을 때조차 다른 사람의 사소한 일을 교정하는 것이 즐거울 수 있다. 당신은 다른 사람에게 기대하는 일에 대해 주문이 엄격하고 지나치게 요구하고 있을 수 있다. 당신은 다른 사람의 작업의 결과, 외모 또는 행동에 대해 지나치게 높은 당신의 기준을 적용하고 기준에 미치지 못하는 모든 것에 대해 불만을 품을 수 있다.

이러한 일은 다른 사람에게 상처를 주고 그들이 당신에 대해 화가 나게 하고 또는 당신을 떠나버리게 할 수 있다. 만약 당신과 가까운 사람이 보다 느슨해지고 적당히 얼버무리는 경향이 있을 때에는, 둘 사이에 논쟁을 일으키고 관계에 커다란 문제를 일으킬 가능성이 있다.

3. 당신과 가까운 사람이 완벽주의자라면

가까운 사람이 완벽주의자 패턴을 가지고 있다고 의심이 되어서 그 사람의 행동과 느낌을 이해하기 위해서 이 책을 읽고 있을 수도 있다. 이 책을 읽으면 그 사람의 근원에 대해서 명확하게 이해하는 데 도움이 될 것이다.

더하여 이 책은 자신에 대해 보다 깊이 이해하는 데 도움이 될 것이다. 당신은 고의가 아니지만 그 사람에 대해 완벽주의적인 태도, 다시 말해 그 사람에게 불가능한 정도의 일을 요구하여 그 사람의 완벽주의를 부추길 가능성이 있다. 다른 사람을 도와주려 하기 전에 이와 같은 경우가 아닌지 심사숙고하라.

다른 또 하나의 가능성은 당신과 가까운 사람이, 당신에게 뭔가 부족하다고 느낄 때 완벽주의를 요구하거나 당신을 비판할 수 있다. 다른 말로 하면, 다른 사람의 완벽주의가 당신에게 초점을 맞추고 있을 수 있다는 것이다. 이럴 경우 매우 어렵고 고통스러우며 당신과 그 사람과의 관계에 문제를 야기할 수 있다.

당신이 하는 일마다 느슨하고 적당히 얼버무려 이러한 문제가 일어나는 원인을 제공하고 있을 가능성이 있다. 다른 말로 하면, 당신이 일을 잘 처리하지 못하는 것에 대해 걱정하게 하고 그로 인해 그 사람의 완벽주의를 유발하지는 않았는지 잘 생각해 보라. 예를 들어, 만약 당신이 집안에 쓰레기를 치우지 않고 엉망으로 만드는 경향이 있으면, 당신의 동거인이 항상 당신을 괴롭히는 일이 당연하다고 느낄 수 있다. 또한 당신이 일부러 일을 불완전하게 처리하여 완벽주의자에 대해 무의식적으로 반항하고 있는 것은 아닌지 생각해 보라.

만약 상황이 이와 같으면, 먼저 스스로 작업을 해서 당신이 유능하고 철저한 정도까지 자신을 발전시키는 것이 현명한 방법이 될 것이다. 그러고도 그 사람이 여전히 당신을 만족스럽지 않다고 비판하면, 당신은 그것이 그들의 문제일 뿐이라고 확신할 수 있다.

4. 내향적 완벽주의자와 관계 맺기

당신과 가까운 사람이 자신에 대해 완벽주의자라면 그 사람의 두려움을 유발하는 일은 피하도록 노력하라. 제3장과 제4장을 읽고 어떤 두려움이 그를 완벽주의자가 되도록 만들었는지 알아차리도록 하라. 그가 무엇을 두려워하는지를 알기 위해 그 사람과 이야기를 나누어라. 이렇게 하여 당신이 무심코 그 사람의 두려움을 유발시키는 순간을 알아차릴 수 있을 것이다.

예를 들어, 만약 이 사람이 일을 잘못 처리해서 비판받고 수치를 당하는 것을 두려워한다면, 당신이 하는 말 가운데 비판적인 말의 힌트가 섞이지 않도록 각별히 주의하라. 비록 이 사람이 비판에 지나치게 예민하더라도 당신이 말을 조심하여 그 사람이 안전하게 느낄 수 있도록 할 수 있다.

이 사람이 당신에게 비판적이라고 말을 하면 반응을 보이기 전에 잠시 여유를 가져라. 그들이 무엇을 말하는지를 잘 생각해 보라. 그가 말하는 것을 방어적이 아니고 진지하게 받아들여라. 앞으로 그 사람에 대해 비판적인 행동을 하지 않도록 경계하라. 당신은 그 사람이 아무리 작은 일이라도, 그들이 성취하거나 달성한 단계들에 대해 강조하여 칭찬할 수 있다.

5. 외향적 완벽주의자와 관계 맺기

만약 가까운 사람들이 당신이 완벽하지 못할 때 완벽하라고 밀어붙이고 비판을 하면 당신 내부의 패턴들을 유발할 수 있다. 이는 그들의 요구에 반항하기 위하여 당신의 분노, 반항 또는 수동-공격적 패턴을 유발할 수 있다. 이것은 당신이 그들을 멀리 떨어트리기 위해 거리두기 패턴을 유발할 수 있다. 그들이 완벽주의에 반작용하는 것을 피하도록 최선을 다하라. 당신의 삶을 어떻게 살 것인가는 당신의 몫이지, 이 사람들의 기준에 맞추어야 할 필요는 없는 것이다. 평소처럼 바로 반응하기보다는 잠깐 멈추고 호흡을 조절하고 여유를 갖도록 하라.

그들에게 어떤 영향을 주지 않는 범위에서 당신이 기준을 설정하고 그 기준에 맞추어 살겠다고 이 사람에게 말하라. 당신의 탁월함을 추구함에 있어서 자신만의 방법을 선택하는 것을 이해하도록 요청하라. 예를 들어, 당신의 배우자가 사람들 이름을 발음하는 방식에 관해 언제나 당신을 교정하려고 한다면 그것은 '내가 알아서 할 일'이라고 말해 주고, (만약 상황이 그렇다면) 그런 사소한 일에는 별 관심이 없다는 것에 대해 잘 알려 주어야 한다.

만약 이 사람들의 비판이 그들에게도 영향을 미치는 내용과 관계되는 것이라면 이 문제를 해결하기 위해 그 문제에 관해 대화를 나누도록 하라. 가령, 당신이 집안을 엉망진창으로 만들어 놓았다면 이것은 실제로 당신의 동거인에게 영향을 줄 수 있다. 또는 그 사람이 당신을 계속 비판하면, 당신은 그들과 그 문제를 해결하기 위한 방법을 찾아야 할 것이다.

이 문제로 인해 서로 다투지 않기 위해 이 문제와 관련해 함께 노력해서 해결하고 싶다는 희망사항을 이 사람에게 이야기하라. 둘이서 다툴 때에는 이 문제에 관해서 이야기하지 말고 오히려 둘이서 기분 좋을 때 이야기를 꺼내도록 하라. 당신의 씨앗은 비옥한 토양 위에 뿌려야 한다. 이런 이야기를 할 때에는 당신이 화가 나지 않은 상태임을 확인하라. 이 사람에게 그의 비판으로 당신이 어떤 영향을 받았는지를 알게 하라. 이런 말을 할 때에는 가능하면, (예를 들어) 당신의 상처를 보여 주면서 취약한 태도를 취하라.

이 사람에게 당신들의 관계에 문제를 야기하는 패턴에 대해 탐색해 볼 의향이 있는지 물어보라. 이 사람에게 그들 사이에 문제를 일으키는 상호 작용 패턴은 어떤 것인지, 그러한 패턴이 완벽주의자 패턴인지 아닌지를 들여다 볼 의향이 있는지, 그리고 그러한 직업의 의미를 설명하며 이 책을 읽어 볼 만큼 관심이 있는지 물어보라. 그 사람이 혼자서 하는 것이 좋을지, 아니면 당신과 함께 하는 것이 좋을지에 대해, 당신이 그들에게 개념을 설명하는 것이 더 좋을지 물어보는 것도 좋다.

다음은 둘 사이의 관계를 더 좋게 하기 위해서 당신과 함께 작업하고 싶은지 물어보라. 우리가 당신이 이러한 질문들을 그 사람에게 물어보도록 격려하고 있다는 점을 주의하라. 그들이 믿고, 바라고, 하고자 하는 것들이 무엇인지 말할 기회를 주어라. 그들이 보다 큰 조화를 위해 당신이 추구하는 일에 함께 적극적으로 참여하도록 할 수 있겠는지 살펴보라. 당신이 이 문제를 정서적으로 **열린 공간**(open place)에서 제기하는 일을 확실히 하라.

> '열린 공간'이라는 말은 '감정적으로 개방한 경험'이라는 뜻을 가지고 있다.

완벽주의의 숨은 동기

다음은 완벽주의를 변화시키는 핵심 내용으로 구성되어 있다. 다음은 개략적인 내용이다.

- □ 제3, 4장: 완벽주의의 숨은 동기(주로 두려움)와 어렸을 때의 그 근원을 이해하기
- □ 제5장: 완벽주의를 대체하기 위해 개발할 수 있는 여유로움 역량을 탐색하고 당신의 완벽주의가 사라져 가도록 두려움에 대해 작업하기
- □ 제6장: 당신의 완벽주의 내부 비판자의 공격에 대항할 수 있는 여유로움의 내부 옹호자를 개발하기
- □ 제7장: 당신의 삶에서 완벽주의 대신 여유로움을 창출하기 위한 실행적인 삶을 시작하기

1. 완벽주의의 동기

당신의 완벽주의자 패턴을 변화시키기 위해서는 그 뒤에 숨어 있는 동기와 어린 시절의 근원을 이해하는 것이 큰 도움이 된다.

이러한 패턴이 형성된 이유는 여러 가지다. 그 윤곽의 일부가 여기에 있다. 당신이 어떤 기준에 미달했을 때, 정서적으로 위해를 받고 거절당할 것이 두렵기 때문에 완벽을 위해 고군분투할 수 있다. 당신은 또한 완벽함으로써 수용되고, 지지 받고, 보살핌을 받고, 사랑받기 위해 노력하고 있을 수 있다. 또는 당신의 책임을 완벽하게 처리하지 않으면 일이 엉망진창이 될 것이라고 두려워하고 있을 수 있다.

당신의 두려움 중 일부는 의식하고 있을 수 있으나 다른 것들은 깊이 묻혀 있다. 당신이 완벽하지 않더라도, 그 상황이 실제로는 위험이 없다는 것을 알고 있어도 무의식적으로 여전히 두려워할 수도 있다.

이 장에서는 패턴 시스템의 다른 개념들을 소개한다. 동기는 당신의 패턴의 뒤에 숨어서 행동을 유발시키는 이유다. 당신의 동기에는 두려움, 사랑과 자존감을 얻고자 하는 의도 또는 다른 의도가 포함되어 있을 것이다

2. 정보에 접근하는 방법

이 장과 다음 장에서 어떤 요소를 탐색하면 고통스러울 수 있
다. 서서히 접근하고 당신이 정서적으로 온전한가를 확인하
라. 필요하다고 느끼면 언제나 멈추고 쉬도록 하라. 이 과정에
서 떠오르는 감정에 대해 친구와 이야기를 나누는 것이 지지받
고 있다고 느끼는 데 도움이 된다면, 친구를 불러 대화를 나누
어라.

이러한 동기에 대해 읽어가면서 어떤 것이 당신에게 있다고
생각되더라도, 자신을 비판하지 말라. 우리의 내부 비판자들이
이러한 정보를 이용하여 우리가 자신에 대해 나쁘게 생각하도
록 만드는 것이 일반적이다. 비판자들은 우리가 결코 충분히
만족스러울 수 없을 것이라고 하면서 우리를 혼란시킨다. 이러
한 자기 내부 공격을 믿지 마라.

모든 사람에게는 각자 두려움과 욕망의 주체가 있고, 그들의
행동 뒤에는 숨은 동기가 있다는 것을 명심하라. 모든 사람은
어린 시절의 다양한 상처를 가지고 있다. 우리가 모두 똑같은
상처와 두려움을 가지고 있는 것은 아니지만 우리는 많은 상처
와 두려움을 가지고 있다. 이러한 다양한 문제를 가지고 있는
것은 완벽하게 정상이다.

당신이 이러한 문제가 있다고 해서 나쁘다거나 병적이라거나
부적격한 사람이 되는 것은 아니다. 만약 당신의 내부 비판자

가 당신의 두려움에 대해 공격을 하면, 비판이 도움이 되지 않는다고 알려 주어라. 당신이 열린 공간(open place)에서 새로운 정보를 얻으면 자신을 더 명확하게 보는 데 도움이 된다.

당신의 동기와 상처를 탐색하면서 자신을 객관적으로, 그리고 연민의 정을 가지고 들여다보는 태도를 취하라. 이러한 태도는 자신을 알아차리는 데 아주 큰 도움이 된다. 당신은 매우 어리고 취약했을 때 받은 상처 때문에 이러한 방어 패턴을 발전시킬 수밖에 없었다. 그것은 당신의 잘못이 아니다. 당신이 완벽주의자 패턴을 변화시키기 위해 이러한 요소들을 깊이 탐구하는 데 관심을 갖고 있는 것에 대해 높게 평가하라.

3. 동 기

어떤 것이 당신의 경우인지 알아보기 위해 완벽주의를 위한 여러 다른 동기를 살펴보자. 다음 중 어떤 것이 당신에게 적용되는지 살펴보라. 확실치 않다면, 이러한 동기 각각에 대해 더 자세한 내용과 그것이 어린 시절 어떤 경험에서 유발된 것인지를 알기 위해 다음 장을 읽어라.

1) 피해의 두려움

☐ 내가 완벽하지 못하거나 완벽하게 일을 처리하지 못하면

비판받을 것이 두렵다.

□ 내가 완벽하지 못하거나 완벽하게 일을 처리하지 못하면 수치스러울 것이 두렵다.

□ 내가 완벽하지 못하면 나를 지나치게 통제할 필요가 있다고 느끼는 사람에게 통제받을 것이 두렵다.

□ 내가 완벽하지 못하거나 일을 완벽하게 처리하지 못하면 크게 야단맞거나 매 맞을 것이 두렵다.

2) 거절의 두려움

□ 내가 완벽하지 못하거나 일을 완벽하게 처리하지 못하면 버림받거나, 보살핌을 받지 못하거나, 사랑을 받지 못할 것이 두렵다.

□ 내가 완벽하지 못하거나 일을 완벽하게 처리하지 못하면 거절당할 것이 두렵다.

□ 내가 완벽하지 못하거나 일을 완벽하게 처리하지 못하면 내쫓기거나, 무시당하거나, 낮게 평가받는 것이 두렵다.

3) 연결하고자 하는 시도

□ 나는 완벽함을 통하여 수용과 관심의 대상이 되어서 호감을 사도록 노력하고 있다.

□ 나는 완벽함을 통하여 동의와 감탄의 대상이 되어서, 나에

대해서 좋게 느끼며 결함을 느끼지 않도록 노력하고 있다.

□ 나는 완벽함을 통하여 사랑의 대상이 되어, 거리낌을 주지 않도록 노력하고 있다.

□ 나는 완벽함을 통하여 보살핌의 대상이 되어, 박탈당하거나 버림받은 느낌을 느끼지 않도록 노력하고 있다.

4) 재난의 두려움

□ 내가 완벽하지 않으면 상황이 통제 불능으로 재난 상태가 될 것이 두렵다.

5) 완벽에 대한 믿음

□ 나는 완벽함이 옳고 실수는 잘못된 것이라고 믿고 있다.

6) 부모의 반대편에 서기

□ 나의 어머니(또는 아버지)는 너무 되는대로 사는 괴짜여서 당황스러웠고 내 삶을 어렵게 만들어서 나는 결코 그렇게 되지는 않겠다고 맹세를 했다. 나는 극단적인 반대편에 섰고 모든 일에 완벽하고자 노력했다.

4. 제레미의 동기

이것은 제1장 제레미 이야기의 연속이다. 제레미가 패턴 시스템을 학습하기 시작하고 두 가지의 비판자를 알게 되었다. 완벽주의자와 **감독자**다. 비판자들은 협력해서 제레미가 하는 어떤 일도 성공하지 못하게끔 그의 역량을 발휘할 수 없도록 작업을 했다. 그러나 감독자는 제레미가 일을 열심히 해서 그의 기술과 자신만의 방법으로 성공할 수 있음을 이 세상(주로 자신의 아버지)에 보여 주기를 원했다. 감독자는 쉬지 않고 일을 계속하도록 하고, 현실을 고려하지 않고 과제를 이행할 것을 약속하도록 밀어붙였다. 그는 패턴 시스템을 공부하고 어린 시절의 기억을 탐색하여 아버지와의 관계에서 이러한 패턴의 근원을 추적할 수 있었다.

제레미: 내가 하는 어떤 일도 아버지에게는 만족스럽지 않았던 것 같아요. 내가 아무리 열심히 일하고 어떤 작업을 완수하든 무조건 아버지는 나를 헐뜯고 내가 했던 모든 것을 비난했어요. 아무리 열심히 일을 해도 내가 실패할 것이라고 생각하게 되었음을 깨달았고, 아버지의 인정은 마치 내 앞에 매달려 있는 당근과 같은, 언제나 도달할 수 없는 미끼였다는 것을 이제는 알겠어요. 이러한 생각이 내가 도달할 수 없이 지나치게 높은 기준의 과제를 약속하게 하였고, 내가 실

제로는 아버지에게 기대했던 것을 상사에게서 기대하도록 만들었어요.

완벽주의자는 그가 언제나 더 잘할 수 있다고 믿고 있어서 자신이 한 어떤 일이라도 누구에게 보여 주는 것을 주저한다. 완벽주의자는 그에게 잔소리를 하고, 몰아세워서 일을 다시 하고 또 다시 하게 한다.

> 제레미: 나는 직장 생활을 계속하기 위해서는 상사를 완전히 '감탄' 시킬 필요가 있다고 믿어요. 그래서 언제나 나의 일을 미리 예측하고 개선 방법을 찾기 위해 노력하고 있어요. 나는 비판받을 것이 예상되어서 과제를 제출하는 것이 두려워요. 나의 어떤 부분은 상사의 인정을 받으려고 필사적으로 노력하고 있어요. 나는 이제 상사의 '형편없는'이라는 비판을 피하고자 노력하고 있는데 그것은 바로 아버지와의 역동적인 관계를 재연하는 것이었다는 것을 알게 됐어요.

오늘, 그의 마음 한구석에서는 아직도 과제를 제출하는 것이 쉽게 상사의 날카로운 비판의 대상이 될 것이라고 믿고 있다. 따라서 그는 이러한 마감 시한을 피하는 방법들을 찾는다.

우리는 제레미의 이야기를 제5장에서 계속할 것이다.

다음 장에서는 각각의 동기에 관해 더 자세한 내용과 어린 시절의 근원에 대해 살펴볼 것이다.

동기와 어린 시절의 근원

앞에서 제시한 동기의 각 유형에 대하여, 이 장에서는 그 동기와 그것을 유발한 어린 시절의 상황에 대해서 자세하게 다루는 부분(section)이 있다.

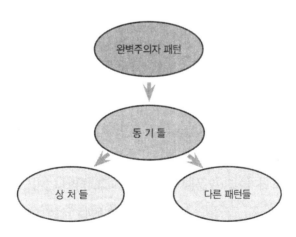

[그림 4-1] 동기와 어린 시절의 근원

이 장을 활용하는 방법은 여러 가지가 있다.

① 만일 당신이 이미 당신의 동기에 대해 많은 것을 알고 있다면 이 장을 건너뛸 수도 있다. 추후 그 동기가 어린 시절의 어떤 상황에 근원이 있는지를 탐색하기 위해 돌아올 수 있다.

② 당신은 앞에서 점검한 동기에 직접적으로 다가가서 탐색할 수 있다.

③ 당신은 당신의 동기와 그 근원에 대해 충분히 이해하기 위해서 이 장의 전체를 읽을 수 있다. 그러나 모든 세세한 내용이 지금 당장에 도움이 되지 않는다고 느끼면 다음 장으로 건너뛰고 나중에 다시 돌아오라.

이 장에서는 패턴 시스템의 다른 개념을 소개한다. 상처(wounds)는 당신이 어렸을 때에 상처 받은 방법에 의한 것으로 성인이 되어서 당신의 역기능적인 행동을 유발한다.

1. 이 요소에 접근하는 방법

주의: 이 장에는 자세하고 잠재적으로 고통스러운 요소가 많다. 당신이 어느 순간에 또는 그날 하루의 일과로서 충분히 진행했다고 느낄 때에는 언제나 부담 갖지 말고 중단하라. 서서히 접근하고 당신이 정서적으로 온전한지 확인하라. 당신이 필요하다고 느끼면 언제나 멈추고 쉬도록 하라. 일을 점차적으로 진행하는 것이 도움이 되는 경우가

많다. 어려운 문제가 있을 때 잠시 조용히 앉아 있으면, 천천히 만찬을 먹을 때처럼 쉽게 그 문제를 잘 소화할 수 있다. 이 과정에서 떠오르는 감정에 대해 이야기를 나누는 것이 지지받고 있다고 느끼는 데 도움이 된다면 친구나 동료를 불러 이야기를 나누도록 하라.

이 장에는 많은 동기와 상처가 제시되었다. 당신이 이 모든 것을 다 기억하고 이해하는 것은 중요하지 않고 오직 당신의 완벽주의자 패턴과 관련되는 것만 기억하고 이해하면 된다. 다른 것들은 무시해도 좋다. 오직 당신의 완벽주의의 근원을 이해하는 데에만 초점을 두어라.

만약 당신이 하나 이상의 동기와 상처를 가지고 있다면 동시에 모두를 진행하려 하지 마라. 당신이 배운 것을 진행하고 정서적으로 압도되지 않도록 하기 위해 자신을 모니터하라. 그저 그것 중 일부에만 주목하고 추후 다른 나머지로 돌아오라.

만약 두세 가지의 동기와 상처가 비슷하게 보이면 그것들을 세밀히 살펴서 확인하려 하지 말고 그냥 체크만 하라. 예를 들어, 만약 버림받음과 거절이 당신에게 비슷해 보이면, 그것은 아마도 당신이 버림받고 거절당했기 때문일 것이다. 그냥 체크만 하고 제6장에서 함께 다루도록 하라.

이제 첫 번째 동기부터 시작하자.

2. 피해의 두려움

당신은 당신이 완벽하지 못하면 어떤 방법(예를 들어, 비판받거나, 수치당하거나, 크게 야단맞거나)으로 피해를 당하는 것이 두려울 수 있다. 물론 당신이 실제로 피해를 당할 가능성은 있다. 그러나 당신의 걱정은 최소한 부분적으로는 당신의 숨어 있는 문제에 근거할 가능성이 다분하다.

완벽주의자 패턴에 위협이 될 수 있는 네 가지 '위해 유형'이 있는데, 각각은 상처와 연관되어 있다. 다음은 그 네 가지의 리스트다. 어느 것이 당신의 완벽주의자 패턴과 맞는지 점검해 보라. 당신은 하나 이상을 가지고 있을 수 있다.

1) 비판의 두려움

당신은 완벽하지 않으면 비판받을 것이 두려울 수 있다. 이것은 **결핍 상처**(Deficiency Wound)와 관련된다. 당신이 어렸을 때 아버지의 기준이 불가능할 정도로 높아서 당신이 그 기준에 달하지 못했을 때, 자신이 비판받고 자신에 대해 부적절하게 느끼고 가치가 없으며 나쁘게 느꼈을 수 있다. 당신은 그러한 기준에 미치지 못하면 그런 일이 다시 일어날 것이라고 두려워할 수 있다.

2) 수치의 두려움

만약 당신이 완벽하지 못하면 수치스러운 일이 생기거나 조롱당할 것이 두려울 수 있다.

이것은 **수치 상처**(Shame Wound)와 관련된다. 당신이 어렸을 때, 부모님이나 가까운 다른 사람들에게 조롱당하고, 수치스럽거나 당황스러운 일을 당했을 수 있다. 당신은 성인이 된 지금 그러한 일이 다시 일어나지 않을까 두려워할 수 있다.

3) 통제 당하는 두려움

당신이 완벽하지 못할 때, 다른 사람이 당신을 통제할 빌미를 주는 것이 두려울 수 있다.

이것은 **무력감 상처**(Powerless Wound)와 관련된다. 당신은 부모 중 한 사람에게 지배받고 통제당했을 수 있다. 그들은 당신이 만족스럽지 않기 때문에 자기들이 책임을 질 수밖에 없다고 말하면서 자신들을 정당화하였다. 당신은 그런 상황이 싫어서 그런 일이 다시 일어날 빌미를 다른 사람에게 허용하고 싶지 않은 것이다.

4) 공격의 두려움

당신은 다른 사람이 당신에게 분노하는 것이 두려울 수 있다. 그래서 당신은 자신을 보호하기 위해서 완벽하려고 노력한다.

이것은 **공격 상처(Attack Wound)**와 관련된다. 당신이 어렸을 때, 당신의 부모님(또는 다른 사람들)은 당신이 만족스럽지 못했기 때문에 큰소리로 야단쳤을 수 있다. 그들은 심지어 신체적 학대를 했을 수도 있다. 당신은 지금 다시 그렇게 당하는 것이 두려울 수 있다.

3. 고통을 진정시키기

당신은 어렸을 때의 이러한 경험을 서술한 내용을 읽으면서 고통스러운 감정이 떠오를 수 있다. 이럴 때는 자신을 진정시키는 것이 도움이 된다. 이를 위한 가장 좋은 방법은 각각의 고통스러운 감정을 당신의 어린 아이 부분, 말하자면 어렸을 때 상처를 받은 내면아이에서 연유한 것으로 다루는 것이다.

당신의 내면아이와 접촉하는 순간을 가져보라. 당신은 내면아이의 이미지를 볼 수 있거나 당신의 몸에서 아이를 느끼거나 단순히 아이의 감각을 가질 수 있을 것이다. 이 조그만 존재에 대해 마음을 열어라. 당신이 그 상처받은 내면아이가 바로 지금 원하는 인정 많고, 따뜻하게 돌보는 부모가 되어라. 당신이 그 아이의 고통에 대해 관심을 가지고 경청하라.

그 아이를 당신의 가슴으로 끌어안는다고 상상해 보라. 그 아이에게 당신이 함께하고 있다는 것을 알게 해 줘라. 그 아이가 원하는 사랑을 주어라. 그리고 그 아이가 원하는 모든 것(수용, 인정, 격려, 지지, 칭찬 등)을 주어라. 그렇게 하면 떠오르는 고통에 압도당하지 않게 될 것이고, 내면의 상처를 치유하는 데 도움이 될 수도 있다. 이러한 상처받은 내면아이를 양육하기 위한 명상을 안내받기 원하면 http://www.personalgrowthapplication.com/Pattern/PerfectionistPatternWorkbook/Perfectionist_Pattern_Workbook_Inner_Child_Meditation.apsx.를 방문하라.

4. 거절의 두려움

당신은 완벽하지 않으면 어떤 방법으로든 거절당하는 것이 두려울 수 있다. 물론 당신이 거절을 당했을 가능성도 있다. 그러나 당신의 두려움은 최소한 부분적으로는 당신의 숨어 있는 문제에 근거할 가능성이 다분하다.

패턴 시스템에는 세 가지의 거절 유형이 있으며 각각 상처와 연관되어 있다. 어느 것이 당신의 완벽주의자 패턴과 맞는지 점검해 보라. 당신은 한 가지 이상을 가지고 있을 수 있다.

1) 버림받음의 두려움

당신이 완벽하지 않으면 버림받는 것이 두려울 수 있다. 또는 당신이 완벽하지 않으면 보살핌이나 사랑을 받지 못할까 두려워 할 수 있다.

이것은 **욕구 상처**(Need Wound)와 관련된다. 당신은 어렸을 때 사랑과 보살핌을 받지 못했을 수 있다. 당신의 부모님은 당신의 결함 때문에 그렇다고 말하거나 암시를 했을 수 있다. 또는 당신이 진정으로 필요로 할 때, 당신의 부모님으로부터 버림을 받았을 수 있다. 그리고 당신이 만족스럽지 못해서 그렇다고 당신이 느끼게 했을 수 있다. 그들은 당신이 한 일이 적합하지 않다고 판단하여 당신을 책망했을 수도 있다.

2) 거절의 두려움

당신은 완벽하지 못한 것에 대해 어떤 방법으로든 거절당하는 것이 두려울 수 있다. 또는 당신의 표면 아래 깔려 있는 자신의 진면목이 드러나는 것, 자신이 불완전하게 드러나는 것, 그래서 결과적으로 거절당하는 것이 두려울 수 있다.

이것은 **사랑 상처**(Unlovable Wound)와 관련된다. 당신이 어렸을 때 부모님, 형제자매 또는 친구가 당신을 거절하고 내쫓거

나, 당신을 가치가 없는 존재로 취급했을 수 있고 그 결과 당신
은 사랑받을 수 없다는 느낌을 갖게 되었을 수 있다. 당신은 지
금 이러한 일이 다시 일어나는 것을 두려워할 수 있다.

3) 퇴짜 당함의 두려움

당신이 만일 완벽하지 못하면 묵살 당하거나, 평가절하되거
나, 가치를 인정받지 못하는 것이 두려울 수 있다. 이것은 **결함
상처**(Deficiency Wound)와 관련된다. 당신이 어렸을 때, 당신이
했던 일들이 퇴짜 맞고 가치를 인정받지 못했을 수 있으며 그로
인해 당신이 부적격하고 무가치하고, 당신에 대해 나쁜 느낌을
가졌을 수 있다. 만약 당신의 산출이나 행동이 극단적으로 우
수하지 않으면 이러한 일이 다시 일어날 것을 두려워하고 있을
수 있다.

5. 연결에의 시도

당신은 완벽함으로써 승인, 수용, 사랑 또는 보살핌을 받으려
고 노력하고 있을 수 있다. 당신의 완벽주의자 패턴과 어느 것
이 맞는지 다음의 네 가지 동기를 살펴보라. 당신은 아마 하나
이상을 가지고 있을 수 있다.

1) 수용을 얻기 위한 시도

당신은 완벽함으로써 중요한 사람의 주의를 끌어당기고 관심, 호감 그리고 수용을 받기 위해서 노력하고 있을 수 있다.

이것은 **사랑 상처**(Unlovable Wound)와 관련된다. 당신이 어렸을 때 부모님, 형제자매나 친구 등이 당신을 거절하거나 내쫓거나, 당신을 가치가 없는 존재로 취급했을 수 있고 그 결과 당신은 사랑을 받을 수 없다는 느낌을 갖게 되었을 수 있다. 당신은 지금 완벽해짐으로써 전에는 결코 없었던 수용을 얻으려고 노력하고 있을 수 있다.

2) 인정받기 위한 시도

당신은 완벽함으로써 자신에 대해 좋게 느끼고 결핍을 느끼지 않고 인정과 감탄을 얻기 위해 노력하고 있을 수 있다.

이것은 **결함 상처**(Deficiency Wound)와 관련된다. 당신이 어렸을 때 부모님의 불가능하게 높은 기준에 달하지 못했을 때 비판받고 자신에 대해 부적절하게 느끼고 가치가 없고, 나쁘게 느꼈을 것이다. 당신이 완벽해짐으로써 결코 받을 수 없었던 인정을 지금 받으려고 노력하고 있을 수 있다.

3) 사랑받기 위한 시도

당신이 완벽해짐으로써 사랑을 얻고, 사랑받지 못하는 느낌을 가지지 않으려고 노력하고 있을 수 있다.

이것은 앞에서 설명한 **사랑 상처**(Unlovable Wound)와 관련된다.

4) 보살핌 받기 위한 시도

당신은 완벽해짐으로써 보살핌을 받고, 박탈당하거나 버림받는 느낌을 갖지 않기 위해 노력하고 있을 수 있다.

이것은 **결핍 상처**(Need Wound)와 관련된다. 당신은 어렸을 때, 당신이 필요로 하는 사랑과 보살핌을 받지 못했을 수 있다. 그리고 부모님이 그것은 당신의 결함 때문이라고 말했거나 암시했을 수 있다. 당신이 절실하게 필요할 때 버림받았을 수도

있다. 그리고 그들은 당신이 만족스럽지 않기 때문이라는 인상
을 당신이 느끼게 했을 수 있다. 그들은 적합하지 않다고 판단
했던 당신의 일과 관련해서 당신을 꾸짖었을 수 있다. 이제 당
신은 완벽해짐으로써 사랑과 보살핌을 얻으려고 노력하고 있
을 수 있다.

6. 재난의 두려움

당신은 당신에게 일어나는 나쁜 일에 대해 취약하게 느끼지
않기 위해 완전해짐으로써 안전을 확보하려 노력하고 있을 수
있다.

이것은 재난의 두려움(Fear-of-Disaster)과 관련된다. 어렸을
때 해롭고, 고통스럽고, 비극적인 사건이 일어났을 수 있고 이
는 당신의 현재의 삶에서 다시 일어나지 않을까 하고 두려워하
게 한다. 당신은 지금 완벽해짐으로써 삶의 통제력을 확보하려
고 노력하고 있을 수 있다. 다른 하나의 가능한 상처의 근원은
부모 중 한 사람이 재난에 대해 불안해했거나 겁을 먹고 있었고
그들의 불안이 당신에게 스며든 것이다.

7. 완벽에 대한 믿음

당신은 완벽한 것이 옳고 실수는 잘못된 것이라고 믿고 있을 수 있다. 이러한 믿음의 바탕에는 다섯 가지의 근원이 있다.

1) 모델링 근원

당신의 부모 중 한 사람이 완벽주의였을 수 있고, 사람이 그렇게 하는 것이 당연하다고 생각하면서 성장했을 수 있다.

2) 가르침 근원

부모님에게서 실수를 하지 않고 가능한 한 완벽해야 하는 것이 얼마나 중요한지를 들으면서 자라, 사람은 그렇게 되어야 한다고 믿게 되었을 수 있다.

3) 보상 근원

당신의 부모님은 당신이 완벽할 때마다 칭찬과 함께 보상을 해 주어서, 사람은 그렇게 되어야 한다고 믿게 되었을 수 있다.

4) 벌의 근원

당신이 어렸을 적에 어떤 실수를 할 때마다 부모님에게 벌을 받았던 기억이 남아 있기 때문에, 그것으로부터 안전해지기 위해서 완벽해야만 한다고 느끼게 될 수 있다.

5) 형성 근원

당신이 완벽해야 한다고 하는 것은 어렸을 때에 형성되었을 수 있다. 그것은 모델링, 가르침, 벌 또는 보상 등의 결합을 통해서였다.

8. 부모의 반대편에 서기

어머니(혹은 아버지)가 매우 되는대로에다 괴짜여서 당황스러웠고, 당신의 삶을 어렵게 만들어서 나만은 결코 그렇게 되지는 않겠다고 맹세를 했을 수 있다. 당신은 부모와 극단적인 반대 방향에 서게 되었고 모든 일에 완벽하고자 노력했을 수 있다.

9. 다음 단계

이 모든 것을 다 읽는 것은 힘들었을 것이다. 그러나 당신의 완벽주의 동기와 이러한 경향이 과거의 어떠한 일에 근원을 두고 있는지를 이해할 수 있게 하기 위해서는 필요한 일이었다. 이 과정은 당신의 패턴을 변화시키는 데 도움이 될 것이다.

이제 틀림없이 당신의 완벽주의에 대해 매우 많은 것을 알고 있을 것이다. 여유를 갖고 이러한 통찰의 과정에 정서적 지지를 보내도록 하라. 떠맡아야 할 일이 많을 수 있다. 당신은 이제 완벽주의자 패턴을 변화시킬 준비가 되어 있다. 이 과정은 다음 장에서 시작한다.

여유로움의 역량과 완벽주의자의
두려움에 대한 작업

이제 당신에게 숨어 있는, 완벽주의를 유발하는 동기가 무엇인지 알고 있으니 그 두려움에 대해 작업하자. 그러기 위해서는 완벽주의를 벗어나는 데 필요한 지혜를 가지고 있는 여유로움 역량(Ease Capacity)을 이해하는 것이 도움이 될 것이다. 여유로움은 당신이 완벽주의를 대체하기 위해 개발할 역량이다.

[그림 5-1] 완벽주의자의 두려움에 대한 작업

여유로움은 당신이 긴장을 풀고, 편안한 방법으로 스트레스나 분투없이 당신의 과제를 성취하는 것을 의미한다. 당신의 작업은 자연스럽게 흘러가고 완벽을 목표로 할 필요가 없다. 당신은 자신의 일과 나머지 삶의 조화를 이룬다. 여유로움 역량을 가지고 있으면, 쉼 없이 일을 하는 대신에 필요할 때 휴식을 취할 수 있다. 또한 어떤 일을 완료하는 데 이 정도면 '만족한다'라고 느끼는 순간을 알아차릴 수 있다. 여유로움은 종종 최고의 결과를 얻기 위해 작업을 밀어붙여야 할 때(직장 취직시험, 면접에서 하나의 오탈자가 결정적인 영향을 줄 때처럼)가 있지만, 일이 완벽하거나 완벽하지 않거나(동업자에게 보내는 e-mail처럼)에 관계없이 당신이 작업을 그대로 마무리해도 좋다고 생각하는 때가 그만큼 많다는 것을 알아차리는 것을 의미하기도 한다.

또한 여유로움은 당신이 완벽해지기 위해 자신에게 스트레스를 가하지 않고도 탁월한 일을 해낼 수 있다는 자신의 능력에 대한 신뢰감을 의미한다. 당신은 능률적이라고 알고 있고, 처음에는 당신의 작업이 완벽(매우 드문 일이지만)하지 않지만, 결과는 좋을 것이라고 믿는다. 당신은 새로운 기술을 배우고, 시간이 지나면 잘할 수 있다고 믿기 때문에 처음 시작할 때 얼마

나 잘할 수 있을까를 걱정하지 않고 새로운 아이디어를 자신의 의지에 따라 시도해 볼 수 있다.

공연이나 서류 작업, 사회적 행사 등과 같은 일을 하려고 할 때 당신의 완벽주의자 패턴이 활성화될 수 있다. 이 패턴은 당신이 어렸을 때 생겨난 것인데, 주의를 끌려고 노력했을 때 오히려 조롱당했거나 당신의 작업이 수준 이하라는 말을 들었을 때 거기에 대처해야 했기 때문이다. 그리고 무의식적으로 그러한 일이 다시 일어날 것이라고 믿는다.

당신의 현재 상황은 그런 일이 일어났던 때와는 매우 다르다. 당신은 더 이상 어린 아이처럼 약하지도, 의존적이지도 않다. 당신은 자율적이고 더 이상 부모의 힘에 종속되어 있지도 않다. 당신은 이제 성인으로서 (그리고 당신 자신이 그동안 해 왔던 일들 때문에) 옛날에는 갖지 못했던 많은 종류의 힘과 역량을 가지고 있다. 지금의 당신은 예전보다 더 중심이 잘 잡혀 있다. 당신은 자신의 주장을 할 수 있고, 대인 관계 상황에 대해서 지각력이 있고, 경제적으로 자립할 수 있는 능력이 있다. 당신은 이미 삶에서 많은 것을 성취했고 여러 장애를 극복해 왔다. 당신은 자신의 문제를 다룰 수 있는 훨씬 큰 능력을 가지고 있는 성인이다. 아마도 당신은 친구들이 있고, 배우자나 연인이 있고, 당신이 속해 있는 공동체가 있을 수 있고, 지지 그룹, 당신이 믿을 수 있는 전문가들이 있을 수 있다. 당신은 필요하면 의지할 수 있는 사람들이 있다.

이러한 것은 당신이 어렸을 때와 같은 취약한 상황에 있지 않다는 것, 그리고 어렸을 때와는 달리 당신의 성숙한 자기가 당신과 함께 하고 있다는 것을 의미한다. 따라서 상황에 대한 완벽주의자의 반응은 과거를 향한 것이기 때문에 더 이상 필요하지 않다.

이 장에서 당신은 완벽주의가 유발되었을 특별한 **훈련 상황**[*]에 대한 두려움을 헤쳐 나갈 수 있을 것이다. 하나의 특별한 훈련 상황을 선택하고 이 장의 나머지 부분에 적용하라. 당신이 그 상황에 대한 작업을 끝낸 후, 원한다면 이 장으로 돌아와서 다른 상황을 선택해서 다시 진행하라.

각각의 중요한 유형의 완벽주의에 대한 두려움을 헤쳐 나가는 방법을 탐색해 보자.

1. 불충분 완벽주의자

1) 여유로움 역량의 지혜

여유로움 역량은 다음과 같은 통찰을 포함한다.

① 탁월함은 단순히 실수가 없는 것만 의미하지는 않는다. 그

---

[*] **훈련 상황**: 1~2 이내에 패턴을 지속하는 대신 행동변화를 위해 당신이 선택한 건강한 역량을 창조하는 훈련 기회를 갖게 되는 상황.

것은 그보다는 훨씬 더 많은 것, 즉 창의성, 존재감, 혁신 등을 포함한다. 실수를 전혀 하지 않는 것이 우선적 관심사인 경우도 약간은 있다. 예를 들어, 운동경기, 원고 교정, 뇌수술 등과 같은 경우에는 실수를 최소한으로 줄이는 것이 결정적으로 중요하다. 그러나 창조적인 무용 또는 창조적인 글쓰기 등의 경우에는 얼마나 완벽하냐가 아니라 질(quality)이 문제가 되는 것이다.

이 밖에도 어떤 프로젝트는 매우 높은 수준의 탁월함을 요구하고, 다른 프로젝트는 그 목적에 맞춰서 적합한 정도를 요구하기도 한다. 이러한 것은 프로젝트의 성격과 실행 이유에 달려 있다. 예를 들어, 샘은 졸업 논문을 위해 선행연구를 검토해 왔다. 그의 완벽주의자 패턴은 같은 분야에 관련된 모든 출판물과 비교하여, 보다 완전한 목록을 작성하고 계속 읽어 나가야 한다고 줄곧 말하고 있다. 그러나 그는 이미 오랫동안 선행연구를 검토해 왔고, 광범위한 목록을 확보하고 있다. 그는 이제 논문을 끝내고 졸업한 뒤 그를 기다리고 있는 새로운 프로젝트를 착수하는 것이 더 중요함을 알아차렸다. 가장 완벽한 선행연구 검토가 그렇게 중요한 것은 아니기 때문에 그는 다른 일로 넘어가는 것이 필요하다.

② 행복한 삶을 위해서는 비율과 균형이 매우 중요하다. 이것은 자신을 돌보고, 삶을 즐기고, 휴식을 취하고, 사랑하는 사람과 함께 하는 등의 일을 조화롭게 할 수 있는 능력을

의미한다. 이것은 또한 주의가 필요한 여러 과업을 수행하기 위한 시간을 각각 배정할 수 있는 것을 의미한다. 만일 당신이 하나의 프로젝트에 모든 에너지를 쏟아버리면 삶의 다른 영역은 고통스러워질 것이다.

여유로움 역량의 지혜를 마음에 간직하고, 이제는 이러한 지혜가 도움이 될 수 있는 **훈련 상황**을 살펴보자.

2) 불충분 완벽주의자의 두려움에 대해 작업하기

이러한 유형의 '완벽주의자의 두려움'을 유발하는 상황에는, 계획서를 제출할 것인지 아니면 계속 작업을 할 것인지를 결정하려고 하는 경우가 포함된다. 예를 들어, 제1장에서 제레미가 자신의 작업이 만족스럽지 않았고 상사가 신랄하게 지적할 것이 두려워서 과제를 제출하는 것이 힘들었던 점을 기억하라. 당신은 이러한 상황에 있을 때 그 상황을 원만하게 다룰 수 있고, 극단적이 아닌 합리적인 결정을 내릴 수 있는 능력을 충분히 갖추고 있다는 것을 기억하라. 어렸을 때 당신은 완벽하지 않다는 것으로 공격받고 거절당했을 수 있다. 예를 들어, 제레미의 아버지는 비판적이었고 그에게 실망하고 있었다. 그러나 지금은 상황이 전혀 다르다. 당신이 이러한 점을 스스로 상기하면, 여유롭고 편안하게 프로젝트를 제출할 수 있다. 프로젝트에 추가로 작업을 해야 할 필요가 있으면, 당신은 필요한 만큼만 더 하고 그 일을 끝낼 수 있다.

완벽주의자 패턴이 두려워할 수 있는 두 가지 관련된 사항이 있다. 첫째, 당신의 계획서가 마음에 들지 않는다거나, 둘째, 당신의 작업을 받아 보거나 평가할 사람이 가혹하거나 비판적이고 또 거부적인 경우가 있다. 이러한 두려움이 정확하고 실제적인지 아닌지를 침착하게 자신의 중심(centered place)에서 평가하는 것이 중요하다. 그러고 나면 당신은 무엇을 할 것인지 결정할 수 있다.

'자신의 중심'은 평온하고 안정되고 균형잡힌 경험을 하는 자신 존재의 중심에 머무는 것을 의미한다.

---

3) 비현실적 두려움

만약 당신의 두려움이 근거가 없고 당신의 프로젝트를 받는 사람이 합리적인 사람이라면, 몇 가지 가능성이 있다.

- □ 프로젝트는 그대로 탁월하고 인정을 받을 것이다.
- □ 프로젝트는 만족할만하다. 당신은 비난을 받지 않을 것이므로 다른 일에 주의를 돌리는 것이 중요하다.
- □ 프로젝트가 아직 만족스럽지 않다. 그러나 당신은 그것을 제출한 것에 대해 비판받거나, 부정적인 영향을 받지는 않을 것이다. 그들이 당신에게 단지 추가 작업이 필요하다는 것을 말해 줄 것이고 당신은 보완 작업을 할 수 있다.

그러므로 프로젝트를 끝낸 그대로 제출하거나 또는 작업이 더 필요한가에 대한 피드백을 요청하는 것 등은 문제가 없다. 당신의 두려움을 비현실적으로 만드는 훈련 상황이 무엇인지 아는가?

제레미의 경우, 그의 상사는 합리적이었으며 일은 일반적으로 탁월했다. 그러나 그는 주어진 일을 마무리하기 위해 얼마나 일을 더 해야 하는지 알 수 없었다. 여기에 그가 문제를 풀었던 방법이 있다. 그는 자신의 작업에 대해 상사에게 피드백을 주고 상사의 조언을 요구하는 실험을 했다. 이렇게 함으로써 그는 언제 그 프로젝트를 제출하면 만족스러운지를 결정할 수 있었고, 다음 작업으로 이동할 수 있었다. 제레미는 점차 일의 목표를 현실적으로 세울 수 있게 되었다. 그는 모든 사람이 자신의 아버지와 같지는 않다는 것을 배웠다. 그의 상사는 함께 논의할 수가 있었고, 제레미가 현실적인 목표를 세우고 자신의 작업 상황을 계속해서 보고하면 제레미를 지지해 주었다. 제레미는 상사에게 탁월하다는 평가를 받았고 그의 직장 생활은 활기가 넘치게 되었다.

4) 현실적 두려움

당신의 작업을 평가하는 사람이 거칠고 비판적이라고 가정해 보라. 그러면 당신은 공격을 받지 않기 위해 그들의 기준에 확실하게 맞추려고 매우 열심히 노력할 것이다. 그러나 비판받거나 수치를 느끼더라도 당신은 그 상황을 다룰 수 있다. 당신은 실패로 끝나지는 않을 것이다. 당신은 그러한 상황을 다룰 수 있는 내적·외적 자원을 어렸을 때보다는 훨씬 더 많이 보유하고 있다.

당신의 작업에 대해 가혹한 반응을 받았을 때 당신이 어떻게 대응할 것인가에 대한 계획을 생각하라. 여기에 몇 가지 제안이 있다.

□ 만약 비판이 정확하고 가혹하지 않다면, 당신은 비판에서 배울 수 있고 두려움을 유발하지 않을 것이다.
□ 만약 비판이 정확하기는 하나 가혹하다면, 당신은 비판에서 배울 수 있고, 또 다음과 같이 말을 할 수 있다. "당신의 피드백은 감사하지만, 좀 더 부드러운 방법으로 말씀해 주시면 더욱 감사하겠습니다."
□ 만약 비판이 정확하지 않으면, 그 사람과 기본적인 공통점을 찾으려고 노력하면서, 자신의 관점에 대해 설명하여 자신을 주장할 것이다.
□ 필요한 경우, 당신에게 정서적 위해를 가할 정도로 가혹

하거나 분노가 가득한 평가에 대해서는 한계를 설정할 것이다. 예를 들어, 당신은 "당신이 옳건 그렇지 않건 간에 나에게 그렇게 소리를 질러대는 것은 바람직하지 않습니다."라고 말할 수 있다.

당신의 계획을 생각하고 여기에 기록하라.

———————————————————————————————

———————————————————————————————

———————————————————————————————

그 계획을 실천에 옮기고, 결과를 기록으로 남겨라. 그 계획이 성공하기까지는 시간이 필요하다는 것을 명심하라.

일단 당신의 계획에 대한 작업을 하고 나면, 과제를 완수하기 위해 그렇게 극단적으로 노력하지 않아도 된다는 것을 알게 된다. 당신은 합리적인 정도의 노력을 기울여서 작업을 하고 과제를 제출할 수 있게 된다.

2. 창의력을 막는 완벽주의자

1) 여유로움 역량의 지혜

① 배우는 과정에서의 실수는 자연스러운 부분이다. 사실 당

신은 실수를 통해 배울 것이 있다. 당신이 뭔가를 배울 때, 처음부터 잘할 수 있을 것이라고 기대할 수는 없다. 이것은 당신에게 뭔가 결점이 있다는 것을 의미하는 것이 아니다. 당신은 기술을 연마하기 위해 참여하고 있는 것이다. 다음에는 처음과 같이 어렵지는 않을 것이다. 시간이 지나감에 따라 점점 더 그 일은 쉬워질 것이다.

② 새로운 것과 개혁적인 것을 실험하거나 개발하는 과정에서는 자연스럽게 실수를 할 수 있다. 당신의 작업이 처음부터 탁월하지는 않을 것이다. 사실 지금은 품질과 탁월함에 관심을 가질 그런 시간이 아니다. 그런 관심과 걱정은 창의적 과정을 붕괴시킬 것이다. 지금은 자유롭고, 개방적이고, 창의적인 시간이다. 그러한 태도가 미래에 고품질의 작업을 이끌어 낼 것이다.

③ 실수는 새로운 것을 창조하는 과정의 자연스러운 부분이다. 처음부터 완벽하게 만드는 경우는 매우 드물다. 일반적으로 가장 좋은 접근 방법은 당신의 목적에 부합할 정도로 만족한 작업을 완수할 때까지 점차 개선해 가는 일련의 과정에 관한 계획을 만들어 내는 것이다.

2) 창의력을 막는 완벽주의자 두려움에 대해 작업하기

이런 유형의 완벽주의자 패턴은 당신이 기술을 배울 때, 새로운 지식을 습득할 때 또는 당신이 새로운 시도로 창의적인 방

법을 실험할 때에 활성화된다. 당신의 작업이 처음부터 매우 만족스럽지는 않을 것이고, 당신의 완벽주의자 패턴은 그러한 점이 두려워 당신이 새로운 것을 생각해내거나 작업하는 것을 두려워하도록 한다.

제1장에서 글을 쓸 수 없게 된 사라라는 여자가 이 유형의 완벽주의자이다. 이러한 상황에서 두 가지 가능성이 있다.

첫째, 당신이 작업한 결과를 아무도 보지 않을 것이다. 이러한 경우 당신은 비판에서 안전하다. 처음에는 당신의 작업에 만족을 느끼지 못했을 것이며, 그것은 예상되는 것이다. 그러한 점은 당신이 배우고 실험하는 데 오히려 필요한 것일 수 있다. 최초의 초안들이 있고, 그것들은 점차 개선될 것이고, 진행하면서 수차례 다시 작성할 수도 있다. 이것은 처음부터 품질에 대해 걱정할 필요가 없다는 것을 의미한다. 당신은 작업을 개선하여 만족할만한 정도가 될 때까지는 다른 사람들에게 보여 주지 않을 것이며, 그렇기 때문에 당신은 안전한 것이다.

당신은 다른 사람들의 의견에 대해서는 걱정하지 않으며, 당신의 작업이 보잘 것 없거나 2류가 되는 것을 원하지 않는 것은 당신이라고 말할 수 있다. 그러나 이것은 아직 숨겨진 완벽주의자 두려움이 드러나지 않았음을 의미할 뿐이다. 일단 드러나면 당신의 행동은 틀림없이 다른 사람들의 반응에 대한 두려움으로부터 영향을 받을 것이다.

당신의 작업을 다른 사람에게 보여 주지 않을 것이기 때문에 상황이 안전하다는 것을 당신의 입장에서 설명해 보라.

예를 들어, 사라는 자신의 글쓰기 초고를 아무도 보지 않을 것이라는 것을 기억하면서 작업을 계속했다. 그녀는 결국에는 평가받을 것을 알고 있었지만, 그 평가는 미래의 일이라고 자신에게 계속 상기시켰다. 그 결과 그녀가 긴장을 풀고 작업의 품질에 대한 걱정 없이 최초의 작업을 진행하는 데 도움이 되었다.

둘째, 당신이 한 작업을 상사, 동료 또는 다른 사람들에게 보여 주게 될 것이다. 이러한 경우 당신의 작업이 초기 단계에 있거나 또는 단지 배우고 있거나 실험 중이라는 것을 알고 있다는 것을 기억하라. 그들은 아직 당신의 작업이 탁월할 것으로 기대하지 않는다. 만약 그들이 당신의 작업을 비판한다면, 그것은 단지 당신이 배우고 당신이 하고 있는 작업을 개선하는 것을 도와주려는 것일 뿐이다. 그러므로 당신은 당장의 결과에 대해 걱정하지 않고 여유롭게 작업을 진행할 수 있다. 완벽주의적이 되지 않도록 안전하게 만들어 주는 훈련 상황에 대해 알고 있는 것이 무엇인가?

_____

_____

_____

   비록 이러한 사람들 가운데 한 사람이 가혹해서 당신이 비판 받고 수치스러워진다 해도 당신은 그 상황을 다룰 수 있다. 당신은 탄력과 자립 능력이 있는 사람이다. 당신은 실패로 끝나지는 않을 것이다. 당신은 이러한 상황을 다뤄 나갈 수 있는 내적 · 외적 자원을 어렸을 때보다 훨씬 더 많이 확보하고 있다. **불충분 완벽주의자**에 관한 설명에 따라 이러한 상황을 다룰 계획을 세우고 여기에 기록하라.

_____

_____

_____

   당신의 완벽주의자 패턴은 작업을 향상시키는 일을 돕는 데 중요한 역할을 할 수 있다. 그러나 이 역할은 적당한 시기에 이루어져야 한다. 이 시기는 당신이 작업을 충분히 진행하여 평가를 받을 준비가 되어 있을 때다. 그러면 당신은 자신이 이룩한 일을 비판하고, 좋은 코치처럼 자신의 일을 향상시키는 일을 도울 수 있다. 만약 당신이 글을 쓰고 있다면 각 문장에 대해 비판을 해서는 안 되고, 당신이 의도한 초고를 완성한 후에 비판 작업을 해야 한다. 그러면 당신의 비판은 도움이 될 것이다. 만약 당신이 프로젝트의 초기에 있거나, 기술을 배우기 시작했거나 또는 새로운 일을 시작하고 있다면 아직은 비판할 때가 아니다. 당신의 작업이 어느 정도 다듬어졌을 때 비판이 필요하다. 가장 중요한 것은 그때까지 비판을 하지 말아야 당신이 배우고 창의적이 되는 것에 방해되지 않을 것이라는 것이다.

이것이 브레인스토밍(brainstorming)에 규칙이 있는 이유다. 모든 사람이 아이디어를 생각해 내고 그것을 집합시키지만, 어떠한 비판도 허용되지 않는다. 모든 생각이 집합된 다음에야 평가를 할 수 있다.

사라의 예로 돌아가 보자. 그녀가 글쓰기 초고를 완성한 다음에야 그녀는 비판하고 변화시키는 일을 허용했다. 그다음에 그녀는 원고 쓰기를 다시 시작했고 그녀가 완성할 때까지 완벽주의 내부 비판자가 개입하는 것을 허용하지 않았다. 그녀가 원했던 정도의 수준 높은 글을 완성할 때까지 그녀는 이러한 과정을 여러 번 되풀이했다.

3. 통제 완벽주의자

1) 여유로움 역량의 지혜

불확실성과 비선형(nonlinear)의 흐름이 인간 삶의 중요한 부분이다. 당신은 해답을 알 수 없는 상황이나 일을 진행하기 위해 필요한 정보가 부족한 상황에 자주 직면할 것이다. 올바른 길은 시행착오의 과정이나. 또는 비선형 게임(nonlinear play)과 창의성에 의해서만 발견할 수 있다.

2) 통제 완벽주의자의 두려움에 대해 작업하기

당신은 혼란스럽고 위험스러운 세계, 즉 아무것도 예측할 수 없는 세계에서 성장했을 수 있다. 따라서 당신의 내부 세계는 혼란스럽고 뭔가에 압도된 상태가 되었다. 어떤 의미에서는 무의식적으로 당신이 그곳에 고착되어 있다. 현재 당신의 삶에서 이러한 혼란을 막기 위해 질서와 예측의 필요성을 절실하게 느끼고 있을 것이다.

그러나 현재 당신의 삶은 그와 같지는 않을 것이다. 당신은 성인이 되었고, 당신을 위해 보다 안정된 다른 삶을 창조해 왔다. 만약 어떤 혼란이 있다 해도 어렸을 때와는 달리 그 상황을 다룰 수 있는 훨씬 강력한 능력을 가지고 있다.

그러므로 당신이 혼란을 피하기 위해 완벽해져야 할 필요는 없다. 당신은 상황을 통제할 수 없을 것 같은 위험을 느끼지 않고, 여유롭게 삶이 보다 쉬운 방법으로 전개되도록 할 수 있다. 당신을 완벽주의자가 되지 않도록 안전하게 만들어 주는 현재 당신의 삶은 무엇인지 여기에 기록하라.

_____

_____

_____

이를 실천하고 어떤 일이 일어나는가를 보라. 당신은 긴장을 풀고 무리하지 않아도 괜찮다는 것을 알게 될 것이다.

3) 여유로움 역량

이제 여유로움 역량에 대해 좀 더 깊이 살펴보자. 당신은 이 장의 앞부분에서 여유로움이 스트레스 혹은 고군분투함 없이 긴장을 풀고 편안한 방법으로 과제를 완수하는 것을 의미한다는 것을 읽었다. 여기에 여유로움 역량의 측면을 제시한다. 당신은 어떤 역량을 개발하고 싶은지 생각해 보라.

□ 결과에 대해 지나치게 집착하지 않기.

□ 긴장하지 않고, 떠밀리지도 않고, 그럼에도 자신의 일을 잘 진행하는 삶을 살아가기.

□ 가가의 순간에 현존하기.

□ 나의 능력을 믿기.

□ 성급한 생각이나 일 할 목록에 의해 혼란스러워하지 않고 나의 호흡과 그 순간에 일어나고 있는 일에 주목하기.

□ 일을 일 자체의 흐름에 따라 하기.

□ 일을 하면서 즐거움과 명랑함을 느끼기.

□ 새로운 기술을 배울 수 있는 나의 능력을 믿기.

□ 사회적 일들, 개인적인 건강 관리, 즐거움 그리고 휴식 등과 같은 다른 여러 욕구를 위해 시간 할애하기.

□ 새로운 아이디어를 실험할 수 있을 만큼 자신을 믿기.

□ 작업이 완벽해야 한다고 스스로를 억압하는 대신에 작업

이 '만족할만하다.'라는 순간을 느끼고 자연스럽게 완성되
도록 허용하기.

여유로움 역량의 어떤 측면을 개발하고 싶은지 여기에 기록
하라.

---

4. 여유로움 역량 개발 이야기

제레미의 이야기는 이 장에서 전이와 훈습 접근법(Working-Through Approach)을 이용한 다음 어떻게 여유로움 역량을 개발하였는지를 보여 준다.

제레미가 치료 과정에서 이러한 문제들에 대해 작업을 시작했을 때, 자신의 완벽주의자가 사실은 자신을 보호하려고 노력하고 있음을 알게 되었다. 완벽주의자는 자신의 작업을 진정으로 완벽하게 완성하면, 상사에게 자신이 성공적임을 증명하고 인정과 사랑을 받을 수 있을 것이라고 믿었다.

제레미는 상사를 마치 아버지인 것처럼 느끼고 있었음을 깨달았다. 비록 그의 아버지는 가혹하고 비판적이었지만, 제레미가 자신의 두려움에 사로잡혀 있지 않을 때는 상사가 쉽게 접근

할 수 있는 매우 친절한 사람이었음을 알게 되었다.

> 제레미: 저는 상사의 예상되는 반응에 대해 확인을 했어요. 일과 관
> 련된 여러 가지 다른 상황에서 상사를 관찰했지만, 그는 제
> 아버지처럼 버럭 화를 내는 일은 없었어요. 저는 두려움에
> 대한 체크리스트를 만들고 그 가운데 하나도 저의 상사와
> 의 관계에서가 아니고 모두가 아버지와의 관계에서 발생
> 하였음을 깨닫게 되었어요. 저는 오래된 옛날 테이프를 돌
> 리고 또 돌리고 있었던 거고, 이제는 버려야 할 때가 되었
> 던 거죠. 저는 완벽주의자에게 아버지가 더 이상 위협이 아
> 니라는 사실을 직시하게 요청했고, 완벽주의자는 여기에
> 동의했어요.

제레미는 상사에게 사적인 면담을 요청했고, 그의 작업과 관
련해서 상사의 기준을 확실하게는 모르겠다고 이야기했다. 그
는 자신이 일 진행과 관련해 장애 요소가 되는 것을 발견할 수
있는 프로젝트에 대해 상사가 피드백을 해 줄 의사가 있는지를
질문했다. 그는 상사의 이러한 정보가 마감시간을 맞추는 데
크게 도움이 될 것이라고 확실하게 말했다. 제레미의 상사는
그 요청에 동의했고, 제레미가 문제를 능동적으로 해결해 나가
는 것을 보고 기뻐했다.

> 제레미: 처음에는 상사에게 말을 하는 것이 어려웠어요. 그렇지만

저의 오래된 패턴에서 벗어나는 길은 그 길밖에는 없다는
것을 알았지요. 제가 뭔가 다른 일을 시도하지 않고는 그
패턴에서 벗어날 수 없었어요. 제가 주도권을 잡고 능동적
으로 다른 좋은 결과를 창출하는 제 자신을 보는 것은 저를
진정으로 흥분시키는 일이었어요. 그 결과 자신감이 훨씬
높아졌어요.

시간이 경과하면서 제레미의 상사는 자신이 기대하는 작업의
기준에 대해 의사소통을 하고 제레미는 훌륭한 작업을 위해
서 완벽할 필요는 없다는 것을 배웠다. 그는 자신의 일이 적절
하게 진행되어 가는 것을 보면서 두려움이 점차 사라졌다. 비
록 비판을 할 때에도 상사는 제레미를 위협하지 않고 존중하
는 자세로, 그리고 전문가다운 태도로 하였다. 제레미는 상사
에게 탁월한 평가를 받기 시작했고, 그의 직장 생활은 활짝 피
어났다.

주의: 완벽주의자 패턴을 변화시키는 일은 이 책에서와 같이 항상 쉬
운 것은 아니다. 때로는 훨씬 오랜 시간이 필요하고, 여러 난관을 헤쳐
나가야 한다. 만약 당신의 상황이 이렇다고 해도 포기하지 마라. 변화
가 일어나도록 충분한 시간과 노력을 기울여라.

5. 보다 높은 성취

패턴 시스템에는 건강한 역량에 더하여 좀 더 진화했거나 혹은 역량의 영적 측면인 높은 차원의 역량이 있다. 당신이 높은 역량으로 살아갈 때는 전보다 덜 자기중심적이 되고, 총합적인 선을 추구하는 역량을 구체화한다. 당신은 우리 모두가 연결되어 있고, 이러한 큰 공동체를 당신이 돌본다는 느낌을 기본으로 삶을 살아간다.

높은 성취 역량은 여유로움과 작업 신뢰감의 높은 측면을 통합한다. 그러한 측면은 다음과 같다.

1) 과정이 만족스럽다

당신의 작업은 결과에 집착하지 않기 때문에 자연스럽게 흘러간다. 당신은 작업 그 자체를 위해서 열정적으로 일을 추진한다. 중요한 것은 과정이다. 당신은 그 자체가 만족스러운 과정에 완전히 집중하고 있기 때문에 작업은 특별한 노력 없이 자연스럽게 흘러간다.

다음 측면 중에 당신은 어느 것을 더 개발하고 싶은가?

☐ 작업이 쉽게 그리고 자연스럽게 흘러가는 것.
☐ 프로젝트의 결과에 집착하지 않는 것.

□ 작업 그 자체를 위한 열정.
□ 결과와는 별개로 과정 자체에서 얻는 만족감.

2) 삶의 목표

당신은 탁월한 작업에 전념하고 있다. 당신의 작업은 성공이라든가 존경받는 일보다 높은 목표를 가지고 있다. 당신 삶의 사명은 다른 사람들, 환경 또는 사회 발전을 위해 헌신하는 것이다. 당신은 타고난 재능을 이 세상을 위해서 그리고 그 변화를 위해서 사용하는 데 열정을 느낀다.

다음 측면 중 어느 것을 더 발전시키고 싶은가?

□ 삶의 목표에 대한 감각.
□ 타고난 재능을 이 세상을 위해 사용하는 데 대한 열정적인
  느낌.

3) 우주와 함께 흘러가기

당신은 지금 우주의 흐름과 접촉하고 있다. 당신은 그 흐름에 참여하고 있고, 함께 창조하고, 동시에 그 흐름에 따라가고 있다. 당신은 미래를 위한 계획을 세운다. 그러나 환경, 피드백, 새로이 솟아나는 사명감 등에 의해 당신의 계획은 변화해야 할 필요가 있을 수 있다. 따라서 당신은 언제나 목표와 전략을 변

화시킬 준비가 되어 있다. 계획이 필요 없는 순간에는 그때의 상황과 당신이 가진 더 높은 차원의 목표에 따라 행동을 취하면 서 순간순간 자연스럽게 흘러간다.

당신은 다음 측면 중 어느 것을 더 발전시키고 싶은가?

□ 새로운 정보에 입각해서 계획을 변화시킬 수 있는 능력.

□ 매 순간순간 자연스럽게 흘러갈 수 있는 능력.

06

완벽주의 내부 비판자와
여유로움 내부 옹호자

만약 당신의 완벽주의자 패턴이 내부 비판자의 측면을 포함하고 있다면, 이는 지나치게 완벽주의적이면서 당신의 어느 부분은 당신이 충분히 완벽하지 않거나 또는 당신의 작업이 만족할만큼 높은 수준에 이르지 못하다고 생각할 때, 당신을 비판하거나 당신에게 수치를 준다는 것을 의미한다.

당신은 더 이상 그러한 목소리의 공격을 받으면서 살 필요가 없다. 당신은 자신을 지지하고 격려해 주는, 내부 옹호자라는 자신의 측면을 개발할 수 있다. 이것은 특효약인데, 완벽주의자를 포함한 내부 비판자의 부정적인 영향을 다루는 '특효약'이다. 내부 옹호자는 비판자와 다투거나 비판자를 쫓아내려고 하지 않는다. 당신의 내부 옹

호자는 비판자의 메시지에 직면해서 자신에 대해 좋은 느낌을 갖고 자신이 되도록 당신을 지지해 준다.

완벽주의 비판자와 직면해서 당신의 여유로움 내부 옹호자는 여유로움 역량을 개발하는 것을 지지한다. 당신은 완벽해지지 않을 권리를 주장한다. 이것은 인간은 실수를 하게 되어 있고, 실수를 하는 것이 어떤 결함이 있다는 것을 의미하지 않는다는 것을 일깨워 준다. 이것은 당신이 모든 것을 올바르게 처리하지 않는다 해도 크게 문제가 되지 않는다는 것을 상기하게 한다.

[그림 6-1] 역량 개발

당신의 내부 옹호자는 휴식을 취하고, 자신을 돌보고, 삶을 즐기는 등의 삶의 균형을 맞추어 살 수 있는 권리를 지지한다. 그것은 모든 것을 바로바로 완벽하게 처리하려고 노력하기보다는 자연스러운 흐름을 따라 일이 점진적으로 발전하도록 하는 것이 때로는 중요하다는 것을 아는 지혜를 가지고 있다. 처음 시작부터 모든 것을 알 필요가 없는, 배우는 사람으로서의 당신을 지지한다. 그것은 '초고(rough draft)'의 뜻을 알고 있다.

1. 당신의 내부 옹호자 만나기

http://www.personalgrowthapplication.com/Pattern/
PerfectionistPatternWorkbook/Perfectionist_Pattern_Workbook_
Meditation.aspx.를 방문해서 당신의 완벽주의자(여유로움) 내부
옹호자를 만날 수 있는 명상을 안내받아 실행하라. 그러면 당신
은 내부 옹호자의 윤곽을 그릴 수 있는 준비를 하게 될 것이다.

http://psychemaps.com/Profile을 방문해서 당신의 완벽주의
내부 비판자의 윤곽을 그리도록 허용해 줄 웹 사이트 프로그램
에 접속하라(이것은 웹 워크북과는 다른 프로그램이다). 당신은 당
신의 내부 비판자를 상징하는 하나 또는 두 개의 이미지를 선
택할 수 있을 것이다. 이 프로그램은 당신의 여유로움 내부 옹
호자(이 프로그램에서는 완벽주의 내부 옹호자라고 한다)의 윤곽을
그리는 것을 허용할 것이다.

2. 내부 옹호자의 진술

다음은 완벽주의 내부 옹호자에게서 사람들이 듣고 싶어 하
는 일반적인 진술이다. 그것은 내부 옹호자의 네 가지 측면으
로 정리되어 있다.

□ 한계 설정: 당신의 내부 옹호자는 내부 비판자의 한계를 설정하는 것을 돕는다.

□ 보듬기: 당신의 내부 옹호자는 비판자에 의해 상처를 입은 부분을 쓰다듬어 치유한다.

□ 안내: 당신의 내부 옹호자는 비판자의 왜곡에도 당신과 당신의 선택을 명확하게 보는 데 있어 안내와 조망을 제공한다.

□ **행동 계획**: 당신의 내부 옹호자는 비판자의 의심과 방해에도 불구하고 성공적인 행동 계획을 세우는 것을 돕는다.

다음 진술 중 당신의 완벽주의 내부 옹호자로부터 듣고 싶은 진술을 점검하라.

1) 한계 설정 진술

□ 충분한 것은 충분한 것이다!

□ 지금이 이 세상의 끝이 아니다.

□ 일단 물러나서 생각하고 자신의 중심을 발견하고, 우선순위를 설정할 수 있도록 자신에게 여유를 달라.

□ 새로운 것을 입력하기를 원하면, 보다 긍정적인 방법으로 진술할 방법을 찾아라.

2) 양육 진술

□ 자신을 돌보라.

□ 자신의 균형을 유지해야 함을 기억하라.

□ 진정으로 중요한 것은 당신이다.

□ 모든 것이 다 완벽해야 할 필요는 없다. 어떤 일은 그저 만족할만하면 된다.

□ 당신은 긴장을 풀고 여유를 가질 수 있다.

□ 당신의 일이 얼마나 완벽한지에 따라서 당신의 특징이 정해지는 것이 아니다.

□ 그냥 착수하라. 일을 진행하는 과정에도 궤도 수정은 얼마든지 가능하다.

□ 삶은 시행착오의 연속이다.

3) 안내 진술

□ 당신은 자신과 능력을 믿을 수 있다.

□ 당신은 도움이나 안내를 요청할 수 있다.

□ 나는 당신이 필요할 때 접근할 수 있는 유용한 인적 자원의 목록을 확보할 수 있도록 도울 것이다.

□ 인생 여정에서 당신의 현재 위치에 대한 큰 차원에서 조망을 유지하라. 사소한 일에 집착하지 마라.

□ 있는 모습 그대로가 당신이다. 당신이 추구하는 완벽 때문

에 당신이 불명예스러워지는 것이 아니다.

□ 다른 사람들도 완벽하지 않다. 당신이 그들을 완벽하게 만들 수도 없다.

□ 당신은 진정으로 자신을 통제할 수 있다.

□ 집중과 휴식의 균형을 맞추는 것이 중요하다.

□ 창의성은 항상 결함을 내포하고 있다.

4) 행동 계획 진술

□ 준비-발사-조준 방식이 최상의 모토가 될 수 있다. 궤도를 수정하고 실수에서 배우는 것은 좋은 것이다(목표물에 조준하기 전에 먼저 발사해 보고 빗나간 정도를 파악한 다음, 다시 정확하게 조준하는 것이 더 효과적이라는 것—역자 주).

□ 해야 할 일들을 진행하면서 보다 넓은 시야를 항상 유지하라.

□ 초기에 그리고 수시로 점검해서 진행하고 있는 일에 확신을 느끼도록 하라.

□ 결정을 내릴 때는 관련되는 모든 것을 고려하라.

□ 지속해야 할 때와 놓아야 할 때를 인지하라.

http://psychemaps.com/Profile을 방문해서 앞에 언급한 바와 같이 당신의 완벽주의 내부 비판자를 위한 프로파일 프로그램에 접속하라. 이제는 당신의 완벽주의 내부 옹호자의 윤곽을

그리기 위해 위에 열거한 다양한 진술(그리고 당신이 추가한 것)을 점검하라. 이러한 것들은 당신이 이미 들었던 진술일 수도 있고 앞으로 자주 듣게 될 것일 수도 있다. 지금까지는 아니지만 당신이 내부 옹호자로부터 듣고 싶었던 것일 수도 있다.

당신은 다양한 이미지 가운데서 자신의 내부 옹호자의 바람직한 모습을 선택하거나 자신의 이미지를 올릴 수 있다. 이렇게 함으로써 당신은 완벽주의(여유로움) 내부 옹호자의 완전한 프로필을 창출할 수 있을 것이다. 당신은 이 자료를 인쇄해서 삶의 과정에서 완벽주의 내부 비판자가 당신을 공격할 때 당신을 지지하는 것을 도울 수 있도록 당신의 내부 옹호자를 여유로움 역량과 함께 활성화시키는 작업에 이 프로파일을 사용할 수 있을 것이다. 이와 관련해서는 다음 장을 참조하라.

07

행동 변화 훈련

이 장에서는 완벽주의자 패턴을 대체할 여유로움 역량을 불러올 수 있는 '실시간' 훈련을 제시한다.

이 순간이 중요한 시작을 의미하는 결정적인 시간이다. 이것은 당신의 관계를 변화시킬 수 있는 훈련이다. 우리는 당신에게 이러한 변화가 일어나도록 웹 워크북과 완벽주의자 온라인 공동체를 포함하여 많은 도움과 지지를 제공한다.

1. 훈련 개요

다음은 이 장의 각 단계에 대한 간단한 개요다.

☐ 당신이 이 훈련을 하는 이유를 안다.
☐ 훈련을 하고자 하는 훈련 상황을 선택한다.
☐ 당신의 완벽주의가 언제 촉발되는지를 안다.

□ 완벽주의가 당신에게 필요하지 않다는 것을 상기시킨다.

□ 여유로움을 창출한다.

□ 훈련 지원 체계를 확보한다.

□ 훈련을 추적하고 발전시킨다.

2. 훈련 의도를 명백히 하기

훈련을 시작하기 전에 이러한 변화를 통하여 어떤 것을 이루려고 하는지에 대해 마음을 명확하게 하는 것이 도움이 된다. 이런 일을 하는 것은 좋은 일이라고 결정하는 것으로는 충분하지 않다. 먼저 당신이 왜 이러한 훈련을 하고자 하는지를 생각하고, 훈련 목적을 설정하고, 훈련 과정 내내 마음속에 간직하고 있어야 한다. 이렇게 함으로써 당신이 훈련에 집중해서 수련을 하는 데 도움이 될 것이다.

당신의 완벽주의자 패턴이 야기한 고통과 어려움을 전체적으로 생각해 보라.

당신의 변화를 유발하는 동기가 어떤 것인지 살펴보라.

- □ 풀이 죽은 느낌이다.
- □ 적합하지 않다고 느낀다.
- □ 가치가 없다고 느낀다.
- □ 잘못됐다고 느낀다.
- □ 바보가 됐다고 느낀다.
- □ 수치스럽게 느낀다.
- □ 비판받았다고 느낀다.
- □ 화가 난다.
- □ 게으르다고 느낀다.
- □ 비난받았다고 느낀다.
- □ 나쁘다고 느낀다.
- □ 가치가 있다고 느끼지 않는다.
- □ 과로했다고 느낀다.
- □ 압박받았다고 느낀다.
- □ 완벽해야만 한다고 느낀다.
- □ 강요받았다고 느낀다.
- □ 다른 고통과 어려움 _____

당신은 삶에서 여유로움 역량에 기반을 두고 살아간다면 어떤 것을 달성해야 할까? 다음 중 당신이 특별히 원하는 것은?

- ☐ 만족감
- ☐ 자신에 대해 더 좋은 느낌
- ☐ 안심하는 느낌
- ☐ 여유로운 느낌
- ☐ 가치 있다는 느낌
- ☐ 수용된 느낌
- ☐ 존경받는 느낌
- ☐ 강인하고 능력이 있다는 느낌
- ☐ 내가 일을 하는 동안 경쾌하고 마음이 편안한 느낌
- ☐ 나의 삶의 보다 더 즐거운 느낌
- ☐ 보다 확실한 현장에 대한 느낌
- ☐ 현재 있는 그대로에 대해 감사하는 느낌
- ☐ 큰 성공과 같이 작은 성공도 축하할 수 있는 능력
- ☐ 보다 자주 긍정적으로 생각할 수 있는 능력
- ☐ 스트레스를 받지 않고 일을 완수할 수 있는 능력
- ☐ 시간에 맞추어 일을 처리할 수 있는 능력
- ☐ 결과에 집착하지 않는 자유로움
- ☐ 판단을 최소화하면서 보다 좋은 관계를 맺을 수 있는 능력
- ☐ 결정을 도출하는 만족스러운 경험
- ☐ 얻고 싶은 다른 것 _____

3. 미리 계획 세우기

여유로움 역량을 훈련해 보고 싶은 상황으로, 다음 주나 또는 다른 어느 때에 예상되는 상황이나 자주 일어날 수 있는 어떤 상황을 생각해 보라. 또는 당신이 전형적으로 완벽주의적이 되는 상황 그리고 그 상황을 변화시키기를 원하는 상황을 생각해 보라. 예를 들어,

□ 해야 할 일들에 관한 생각을 멈출 수가 없다.
□ 프로젝트에 대해 걱정하기 시작한다.
□ 성급해진다.
□ 먹는 것을 잊어버린다.
□ 프로젝트를 시작할 수 없다.

이러한 것을 훈련 상황이라고 하자. 당신의 완벽주의자 패턴이 언제 유발되는지 확실하지 않거나, 항상 완벽주의자 패턴이 나타나는 것으로 보이면, 훈련 상황에 초점을 맞추지 말고, 이 패턴이 작동될 때마다 주의를 기울이는 작업을 하라.

이 장을 읽어가면서 워크북에 당신의 답변을 적어 넣도록 하

라. 그러면 워크북은 당신이 이 작업을 하면서 삶에서 어떤 일을 하고자 계획하고 있는지를 알려 주는 한 장의 보고서를 보여 줄 것이다. 당신은 이것을 인쇄해서 가지고 다닐 수도 있고, 휴대 전화나 USB기기에 보관할 수도 있다.

당신이 하나 이상의 훈련 상황에 대해 작업하기를 원하면 또 다른 훈련을 할 수 있다. 당신은 각각의 훈련을 위한 다른 워크북 보고서를 갖게 될 것이다. 만약 몇 주 사이에 이러한 훈련 상황이 일어나지 않으면, 그러한 상황이 일어날 경우 당신의 행동을 어떻게 변화시킬 것인가를 상상하면서 훈련을 할 수 있다.

이러한 훈련 상황에서 당신이 두려워하는 것은 무엇인가? 예를 들어, 당신이 공개 제안 설명회를 개최하는 일을 맡는다면 당신의 상사나 동료들이 결함을 발견하거나 혹은 당신이 철저하게 준비를 하지 않았음을 발견할 것을 예상하고 극단적으로 불안해질 수 있다.

당신은 이러한 훈련 상황에서 개발하기를 원하는 여유로움의 어떤 특별한 측면을 가지고 있을 수 있다. 예를 들어, 당신의 프레젠테이션 준비가 적절한가에 대해 침착하고 현실적으로 평가할 수 있는 능력을 개발하기를 원할 수 있다. 이러한 훈련 상황에서 당신은 여유로움의 어떤 측면을 개발하기를 원하는가?

당신의 훈련 상황에서 당신의 완벽주의자 패턴이 작동되는지를 확인하기 위한 세밀한 주의를 기울여라. 또는 그것이 작동될 때마다 확인하도록 노력하라.

당신의 완벽주의자 패턴이 작동된다는 신호를 당신에게 주는 느낌(feelings), 생각(thoughts), 행동(behaviors)은 무엇인가? 예를 들어, "나는 직장을 떠나 집에 머물고 싶어." "머릿속이 텅 빈 듯 아무 생각도 안나." "긴장되어서 죽겠어." "속이 완전히 뒤집히는 것 같아."

　이러한 훈련 상황에 대한 핵심적 두려움을 기억하라. 그것이 진실이 아니라면, 대신에 무엇이 진실인가? 당신의 핵심적 두려움이 실제로는 일어나지 않을 것이라든가 또는 당신의 생각이 정확한 것이 아니라는 것을 상기시켜 주는 진술은 어떤 것이 있는가? 다음의 진술 가운데서 선택하거나 자신의 진술을 작성해 보라.

□ 나는 이 프레젠테이션을 위해 매우 많은 준비 작업을 했다.

□ 나의 상사는 내 작업을 신뢰하고 있다.

□ 나는 하는 일에 능숙하다. 나는 나의 소질을 안다.

□ 동료들은 나를 존경하고, 때로는 나의 지도를 구하기도 한다.

□ 만약 어떤 사람이 내 프레젠테이션의 한 측면에 대해 비판하면, 나는 나의 아이디어를 어떻게 주장하고 전문적으로 대응할 것인가를 알고 있다.

□ 나는 내가 성공하기를 원하는 많은 훌륭한 사람들과 함께 일하고 있다.

□ 만일 실수한다면, 나는 그 실수에서 배울 수 있다.

□ 다른 진술 _____

당신의 두려움이나 생각에 타당성이 있다면, 그러한 상황에 대처할 수 있도록 제5장에서 당신이 작성한 계획을 기억하라. 당신은 그 계획을 이번 주에 실행하라.

4. 여유로움 창출하기

다음 진술 중 당신이 원하는 여유로움의 측면을 창출하는 데 용기를 북돋아 줄 수 있는 진술은 어떤 것인가?

☐ 나는 완벽한 결과를 내기 위해 밀어붙이려고 하지 않을 수

있다.

□ 나는 편안한 방법으로 일을 추진할 수 있으며, 그럼에도 일을 잘 진행할 수 있다.

□ 나는 진정으로 이 순간에 보다 확실한 현장감을 가질 수 있다.

□ 나는 성급한 생각이나 일할 목록에 의해 혼란스러워지지 않고 나의 호흡과 그 순간에 일어나고 있는 일에 주목할 수 있다.

□ 나는 일을 일 자체의 흐름에 따라 할 수 있다.

□ 나는 일을 하면서 즐거움과 명랑함을 느낄 수 있다.

□ 나는 작업과 균형을 맞추면서 다른 욕구, 즉 사회적 관계, 개인적인 건강 욕구를 위해 나의 시간을 할애할 수 있다.

□ 나는 작업이 '만족할만하다.'라고 느끼는 순간을 알아차 릴 수 있고, 그때부터 자연스럽게 완성되어 가도록 할 수 있다.

□ 나는 뭔가 새로운 것을 배우는 것이 좋은 일이고, 처음부 터 만족할 정도가 아니어도 괜찮다.

□ 다른 진술 _____

_____

다음 진술 중 당신의 여유로움 내부 옹호자가 당신에게 말해 주기 바라는 것은 무엇인가?

□ 당신은 완벽하지 않아도 괜찮다.

□ 당신은 즐거움, 휴식, 친구, 가족을 위한 시간을 가질 지격이 있다.

□ 처음에는 당신이 실수를 한다 해도 괜찮다.

□ 당신은 유능하다.

□ 당신이 모든 면에서 최고가 되어야 하는 것은 아니다.

□ 당신의 작업은 탁월하다.

□ 당신은 자신의 작업을 충분히 힘들이지 않고 할 수 있다.

□ 당신의 작업은 완성되면 매우 훌륭할 것이다.

□ 당신은 초보자가 되어 모든 것을 다 알지 못해도 괜찮다.

□ 당신은 이러한 새로운 기술을 배우고 나면 매우 우수할 것이다.

□ 흐름과 창의성은 탁월함과 똑같이 중요하다.

□ 새로운 일을 실험해 보는 것은 흥분시키는 일이며 완벽함은 중요한 것이 아니다.

□ 때로는 '만족할만하다.' 정도면 괜찮다.

□ 사랑, 가족, 공동체 등은 좋게 보이는 이상으로 중요하다.

□ 다른 진술 _____

어떤 육체의 감각, 느낌, 의식의 상태가 당신의 여유로움 측면을 불러일으키는 데 도움을 줄 것인가?(예를 들어, 당신이 프로젝트에 관해 충분히 작업을 하고 다른 일로 옮겨 갈 수 있음을 알 때

의 만족감, 두려움 없이 새로운 프로젝트를 시작하는 흥분, 당신의 능력에 대한 편안하고 여유로운 신뢰감)

―――――――――――――――――――――――

―――――――――――――――――――――――

―――――――――――――――――――――――

어떤 이미지가 여유로움을 창출하는 데 도움이 될 것인가?(예를 들어, 양팔을 펼치고 잔디밭에 누워 있는 것 또는 수상 스키를 타고 달리는 것)

―――――――――――――――――――――――

―――――――――――――――――――――――

―――――――――――――――――――――――

당신 가까이 당신의 여유로움을 창출하는 데 도움을 줄 수 있는 사람이 있는가? 그들에게 어떤 도움을 받기를 원하는가?(예를 들어, 당신이 실수를 해도 지지해 주고 긍정적으로 반응하는 것)

―――――――――――――――――――――――

―――――――――――――――――――――――

―――――――――――――――――――――――

당신 가까이 있는 사람의 하는 일 중 그만두기를 바라는 것이 있는가?(예를 들어, 당신의 완벽주의자가 유발되었을 때 당신을 놀

리는 것) _____

_____

_____

_____

　당신의 여유로움 역량, 특히 훈련 상황에서 당신이 바라는 여유로움의 측면을 활성화시키는 것을 도와주기 위해 그들이 할 수 있는 일(또는 중지해야 할 일)에 대해 당신 가까이 있는 사람에게 알려 줘라. _____

_____

_____

_____

5. 여유로움 훈련 워크북

　웹 워크북에는 당신의 여유로움 훈련을 시작하고 지속하는 것을 돕기 위한 별도의 부분(section)이 있다. 이 장의 나머지 부분은 이 훈련을 어떻게 시작하고 어떻게 활용할 것인가에 대해 설명한다.

6. 친구와 작업하기

훈련 과정을 잘 지켜봐 주고 격려를 해 주는 '친구'가 있으면 이와 같은 훈련에서 성공할 확률이 더 높다. 나는 당신의 말을 잘 들어 주고, 당신이 하는 일을 잘 이해해 주고 그리고 당신의 지지자로서의 친구를 찾아 보라고 권장한다. 당신이 친구를 발견하는 일을 도와줄 우리의 'Perfectionist Online Community'에 가입하라.

훈련 계획을 작성하고 난 뒤 친구를 불러서 당신이 무슨 일을 할 것인가를 알려 주어라. 만약 당신이 그 상황에서 알려 주고자 했던 말들을 기록해 놓았다면 친구에게 그 말을 하면서 훈련을 하도록 하라. 그 상황에서 역할을 선택하라. 친구에게 당신의 보스나 동료 역할을 하도록 하고, 당신이 원하는 여유로움을 창출하기 위한 방법으로 그와 상호작용하는 훈련을 하라.

당신의 훈련 과정이 제대로 되는지 친구와 확인하기 위한 시간계획을 설정하라. 당신은 훈련이 어떻게 진행되고 있는지를 일주일에 한 번만 알려 줄 수 있다. 그러나 더 효과적인 지지를 얻기 위해서는 2, 3일에 한 번 또는 매일 훈련이 어떻게 진행되고 있는지를 친구에게 알려 주고 친구와 제대로 되고 있는지를 확인하는 것을 고려해 보라. 진행 사항을 친구에게 알려 주는 행위는 당신을 훈련 과정에 충실하도록 도와준다. 당신이 훈련 과정에 대해 다른 사람에게 말해 줘야 한다는 것을 알고 있으면, 당신은 확실하게 훈련에 임할 것이며 과정 하나하나에 충실할 것이다.

7. 훈련 상황이 일어날 때

어떤 훈련 상황에 대해서는 당신은 그것이 일어날 것을 미리 알고 있다. 예를 들어, 당신은 사회적으로 중요한 역할을 맡기 위해 언제 준비할 것인지를 알고 있다. 이러한 경우, 그 훈련 상황을 당신이 어떻게 다루기를 원하는가를 살펴보기 위해서는 웹 워크북(또는 이 책의 워크북)에 있는 여유로움 훈련 계획으로 들어가기 전에 잠깐 시간을 가져라. 당신이 이러한 일이 일어나기 직전에 시간이 없다면 준비하기 전 미리 시간을 가져라.

어떤 상황에서는 당신은 이 자료를 훈련 상황에 적용해 분석해 볼 수 있다. 예를 들어, 만약 그 훈련 상황이 최종 순간까지 프로젝트를 밀고 나가야만 하는 경우에는 잠시 작업을 중단하고 당신이 느끼는 완벽주의적 감정을 분석해 보고, 그런 다음에 다시 작업을 하면서 당신의 계획을 실행하라. 이러한 경우 당신이 휴식을 취하는 동안에 무엇을 할 것인가를 결정할 수 있기 위해서 앞 링크에 접속해서 당신이 상황에 대처하기 위해 세운 계획을 살펴보라.

훈련 상황의 과정에서 당신의 완벽주의자 패턴이 작동한다는 신호를 당신에게 주는 느낌, 생각 또는 행동을 면밀하게 주목하고 확인하라.

만약 그런 일이 유발되면, 다음과 같이 하라.

□ 당신이 여유로움에 대해 두려워할 필요가 없다는 것을 상기시켜 줄 진술(statements)을 소리 내어 말하라. 또는 그 현장에서 당신이 생각해 낼 수 있는 말을 하라.

□ 피해나 거절의 가능성에 대해 당신 자신을 강력히 주장할 수 있는 당신의 계획을 행동으로 옮겨라.

□ 여유로움을 창출하도록 고무할 수 있는 말을 소리 내어 말하라. 또는 그 현장에서 당신이 생각해낼 수 있는 말을 하라.

□ 당신이 여유로움을 창출하는 것을 고취하도록 당신이 선택한(만일 당신이 하나를 선택했다면) 이미지를 떠올려 보아라.

□ 당신의 완벽주의 내부 옹호자로부터 듣고 싶은 말을 하라.

□ 당신의 완벽주의 내부 옹호자의 이미지를 살펴보라.

만약 여유로움을 창출하는 데 성공했다면 당신의 성공을 축하하라. 당신을 칭찬하거나 긴장을 푸는 따뜻한 목욕과 같은 보상을 하라. 당신의 행동을 변화시키는 이 단계에 대해 자신을 높이 평가하라. 이것은 아무리 적은 것이라도 올바른 방향에서의 변화의 각 단계를 강화하는 데 매우 중요하다.

상황이 발생하고 나면 시간이 있을 때 가능한 한 빠르게 무슨 일이 일어났는가를 훈련기록부(다음 절 참조)에 기록하라. 시간이 없다면 그날 하루 일과를 점검하는 마감시간에 기록하라.

당신에게 새로운 말들이 떠오른다면 미래에 활용할 수 있도록 당신의 워크북에 추가해 놓아라. 당신이 이전에 워크북에 적어 놓은 자료 중 어떤 것에 대해서든 새로운 통찰을 하게 되면, 그 페이지의 여백에 주저하지 말고 기록하라.

8. 훈련 기록부

당신의 훈련 과정에서 당신이 무엇을 했는지 답을 적어라(해당 사항에만 기입).

훈련 상황 _____

_____

_____

이 상황에서 유발되는 두려움 _____

_____

_____

이 상황에서 당신이 개발하고자 했던 여유로움의 측면 _____

_____

완벽주의자 패턴을 유발했던 것

_____

_____

_____

여유로움을 두려워할 필요가 없다고 상기시키도록 당신이 자신에게 이야기한 말

_____

_____

_____

위해 또는 거절을 다루기 위해 자신을 강력하게 주장한 것

_____

_____

여유로움을 창출하는 것을 촉진하기 위해 자신에게 이야기한 말

_____

_____

당신의 여유로움을 창출하는 것을 돕는 데 사용하였던 신체 감각, 느낌 또는 의식 상태

_____

_____

당신의 여유로움을 창출하는 것을 촉진하는 데 사용했던 이미지

_____

_____

_____

당신의 완벽주의 내부 옹호자가 당신에게 했던 말

_____

_____

당신의 완벽주의 내부 옹호자의 이미지

_____

_____

여유로움을 창출하기 위해 시도했던 것 _____

_____

_____

그밖에 일어났던 일 _____

_____

_____

당신이 다음에는 다르게 하고 싶은 일은 _____

9. 일일 점검

이 훈련을 잘 기억하기 위해서 친구와 하는 점검 이외에 매일 한 번씩 자신과 점검해 보는 것이 도움이 될 것이다. 매일 점검하기 쉬운 때를 선택하여 몇 분 정도 점검하는 시간을 갖도록 하라. 많은 사람에게는 잠들기 직전 또는 아침잠에서 깨어났을 때가 좋은 시간이다. 그러나 어떠한 경우든 당신에게 가장 적절한 시간을 선택하고 그 시간에 일관되게 점검하라.

훈련 상황이 일주일에 한 번 또는 한 달에 몇 번 정도 발생한다면, 일일 점검 노트를 매일 작성할 필요가 없다. 하루하루 훈련 상황이 일어났는지 점검해 보고, 일어났으면 기록하라. 그렇지 않는 날에는 아무것도 할 필요가 없다.

항상 매일 당신이 알아차린 내용을 기록하라. 훈련 상황이 일어난다면 어떤 일이 일어났는지 기록하라.

오늘 완벽주의자 패턴이 유발되었는지, 당신이 그것을 알아차렸는지, 그리고 훈련을 실행했는지, 무슨 일이 일어났는지 숙고하라. _____

_____

_____

오늘 훈련 상황이 일어났는가?   _____

_____

_____

만약 일어났다면 당신은 상황이 일어났을 때 주의를 기울였는가?

_____

_____

오늘 완벽주의자 패턴이 유발되었는가(그 상황에서 또는 다른 상황)?

_____

_____

만일 그렇다면 오늘 완벽주의자 패턴이 유발되었을 때 이를 알아차렸는가?

만일 알아차리지 못했다면 무슨 이유 때문이었는가?

_____

_____

당신이 내일은 더 잘 알아차리기 위해서 무슨 일을 할 수 있겠는가?

_____

_____

만약 완벽주의자 패턴이 유발된 것을 알아차렸을 때 당신은 여유로움을 일깨우기 위해 훈련 실행을 했는가?

_____

_____

만약 아니라면 무엇 때문이었는가?

_____

_____

다음에 당신이 어떻게 해서 여유로움을 일깨우는 일을 기억하도록 돕겠는가?

_____

만약 당신이 훈련을 실행하고 그 당시에 무슨 일이 일어났는 가를 기록해 놓지 않았다면, 훈련 기록부에 그 사실을 적어 놓아라. 만약 그런 일이 한 번 이상 일어났다면 매번 그 링크를 거듭 클릭하여 별도로 기록을 남기도록 하라.

내일이나 또는 다음에 완벽주의자 패턴이 유발되었을 때 다르게 하기 원하는 것이 있는가? _____

_____

_____

10. 주간 점검

일주일 후, 이 훈련이 어떻게 작용하는가를 기록하라.

요일 _____

이 주간에 훈련을 몇 번 실행했는가? _____

이 정도로 당신에게 충분히 도움이 되었는가? _____

_____

만약 당신이 충분한 훈련을 했다면 얼마나 많은 변화를 초래

했는가?

훈련을 하는 데 무엇이 효과가 있었는가?

훈련을 하는 데 무엇이 효과가 없었는가?

다음 주에도 다시 훈련을 하기 원하는가?

다음 주에는 다르게 하기 원하는 것이 있는가?

성취 차원

이 장에서 제공하는 정보는 성취와 관련해서 당신이 가지고 있을 수 있는 여러 패턴과 건강한 역량에 대해 보다 완전한 감각을 가질 수 있도록 도울 것이다. 당신이 탐색하고 싶은 다른 패턴에 대해서도 배울 수 있고, 당신의 패턴과 역량 사이의 관계에 대해서 알아차릴 수도 있다. 당신이 이러한 복합적인 단계에 흥미가 없다면 부담 없이 이 장을 넘어가고 후에 다시 돌아오라.

1. 성취 차원

완벽주의자 패턴은 패턴 시스템의 성취 차원의 한 부분이다. 이제 완벽주의자 패턴이 다른 패턴 그리고 역량과 어떻게 관련되어 있는지 살펴보자.

성취 차원에는 다섯 가지의 골치 아픈 대인 관계 패턴(감독자,

미루기, 체념, 완벽주의자, 되는대로 하기)이 있다.

① **감독자 패턴**은 대개의 경우 크게 성공하려는 의도로 과로
   할 만큼 무자비하게 당신을 몰아붙이는 것을 의미하고,
   그렇지 않을 때마다 엄격히 비판한다.
② **미루기 패턴**은 수행해야 할 과업을 피하는 것을 의미한다.
③ **체념 패턴**은 자신의 목표를 달성하거나 삶에서 어떤 일을
   성취하는 것에 대한 신뢰감을 갖지 못하기 때문에 무언가
   가 되기 위해 또는 어떤 일을 하기 위해 노력하려 하지 않
   는다는 것을 의미한다.
④ **완벽주의자 패턴**은 모든 일을 언제나 완벽하게 해야 하고 실
   수란 있을 수 없다고 믿고 있는 것을 의미한다.
⑤ **되는대로 하기 패턴**은 자신의 일이나 외모에 거의 관심이 없
   고 될 수 있는 대로 일을 하지 않고 낮은 기준을 가지고 있
   는 것을 의미한다.

건강한 역량 두 가지(여유로움과 작업 신뢰)는 이러한 다섯 가
지 패턴과 관계가 있다.

① **여유로움**은 이미 논의한 바와 같이 과업을 스트레스나 분투
   없이 안정되고 여유로운 마음으로 완성할 수 있는 능력을
   말한다.
② **작업 신뢰감**은 진행하고 있는 일에 깊은 관심과 헌신적인

자세로 임하고 당신이 일구어 낸 대단한 일에 대해 자부심을 갖고 있으면서, 실제로 일을 잘하고, 과업을 완수하고, 탁월한 결과를 만들어 낼 수 있으며 그러한 것에 대해 자신을 신뢰하고 있는 것을 말한다.

작업 신뢰감은 여유로움(ease)과 보완 관계에 있다. 온전한 성취를 위해 당신에게는 두 가지 역량이 필요하다. 여유로움은 당신을 안정시키며 작업이 순조롭게 진행되도록 하고, 작업 신뢰감은 당신이 일을 생산적으로 수행할 수 있는 자신의 재능과 능력에 대해 확신을 갖도록 한다. 만약 당신이 작업 신뢰감을 가지고 있으면 해야 할 일에 쉽게 착수한다. 당신은 과도하게 고군분투함 없이 목표를 달성하기 위해 열심히 일을 할 수 있으며, 당신의 일을 명확하게 파악하고 주의 깊게 진행한다.

이것이 건강한 역량의 속성이다. 그것은 자연스럽게 서로 통합되고 서로 대립하지 않는다는 것을 의미한다. 그것은 서로 협동해서 일을 하고 당신의 삶에 있어 성취 관련 영역에서의 당신의 역할을 지지한다. 만일 당신이 두 가지 역량을 모두 가지고 있다면, 일에 대한 요구가 있을 때 당신은 성공적으로 집중할 수 있다는 확신을 가지고 있으면서 동시에 안정을 취할 수 있다.

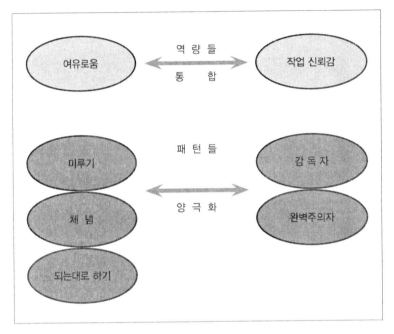

[그림 8-1] 성취 차원(1)

2. 패턴과 역량의 관계

1) 갈등적 패턴

　왼쪽과 오른쪽의 패턴은 건강한 역량과는 달리 서로 통합하지 않는다. 그것은 양극화되어 있는데, 이는 과업을 어떻게 처리할 것인가에 대한 결정에서 서로 싸운다는 것을 의미한다. '미루기 패턴'은 일을 피하는 것을 포함하는 반면에 '체념 패턴'은 자신의 책임으로 하는 결정이 없다. 반면에 '감독자 패턴'

을 가진 사람은 당신이 열심히 분투 노력하도록 필요 이상으로 몰아붙이고, 당신이 충분히 열심히 하지 않는다며 비난하곤 한다.

'되는대로 하기 패턴'은 일을 서투르게 하고, 일을 잘하기 위한 투입을 거의 하지 않는다. '완벽주의자 패턴'은 일을 완벽하게 해야 하는데 당신은 결코 그렇게 할 수 없다고 비판하는 건전하지 못한 강박관념을 가지고 있다. 다른 각도에서 보면 왼쪽의 세 가지 패턴은 적절하게 기능을 하지 못하고(underfunctioning) 반면에 오른쪽 두 가지 패턴은 그 기능이 지나치다(overfunctioning).

당신은 어떤 일에는 열정적이지만 다른 일은 피할 수 있다. 아마도 당신이 그 일을 했다면 지나치게 내몰리거나 완벽주의적으로 되는 것이 두려워서 프로젝트를 착수하는 것을 피할지도 모른다.

어떤 사례에서는 역설적이게도 완벽주의자(또는 감독자) 패턴이 실제로는 작업 신뢰감의 결핍을 초래할 수 있다. 당신은 성취나 완벽에 대한 기준이 너무 높은데 그런 목표를 달성할 수 없기 때문에 스스로 부적합하게 느낄 수 있다.

2) 패턴은 역량의 역기능적 변형이다

여유로움은 미루기, 체념, 되는대로 하기 패턴의 건강한 변형이다. 다른 말로 표현하면 이 세 가지 패턴은 여유로움의 극단적이고 역기능적인 변형이다.

이 패턴들은 비판 받을 수 있는 일에서 멀어져 편안함(OK)을 느끼고, 일을 피하거나 성취에 대해 무관심함으로써 안락함과 즐거움을 얻으려고 시도한다.

오른쪽도 마찬가지다. 작업 신뢰감은 감독자와 완벽주의자 패턴의 건강한 변형(version)이다. 또는 감독자와 완벽주의자 패턴은 작업 신뢰의 극단적이고 역기능적인 변형이라고 말할 수 있다. 감독자와 완벽주의자 패턴은 당신을 몰아붙이고 비판함으로써 당신이 열심히 일하고 성공적이고 완벽하도록 만들기 위해 노력한다.

3) 역량이 패턴의 문제를 해결한다

만약 당신이 미루기, 체념, 되는대로 하기 패턴을 가지고 있다면 그러한 패턴을 중단시키고 변화하도록 하는 데는 작업 신뢰감이 필요하다. 그렇게 해서 도표상의 반대편에 있는 역량이 패턴을 변화시키는 데 필요하다. 그러한 변화를 달성하기 위해서는 두려움에 직면하고 대처해 나가는 용기가 필요하고, 당신의 재능과 능력에 대한 신뢰를 개발하고 계속적으로 훈련을 하고 목표 달성을 위해 전념하도록 하라.

다른 쪽도 마찬가지다. 당신이 감독자 패턴이나 완벽주의자 패턴을 가지고 있다면 이를 변화시키기 위해서 여유로움이 필요하다. 그것이 이 책에서 완벽주의에 관련해서 여유로움이 강

조되고 있는 이유다. 당신이 여유로움의 감각을 개발하면 당신
은 자신을 쉴 틈 없이 몰아붙이지 않고도 목표를 달성할 수 있
다고 믿게 될 것이다.

다음은 이러한 관계를 보여 주는 또 하나의 도표다.

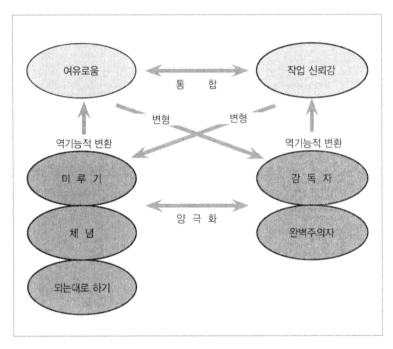

[그림 8-2] 성취 차원(2)

4) 질문서

당신이 이 차원에서 어떤 패턴과 역량을 가지고 있는지 탐
색해 보는 것이 도움이 될 것이다. 설명을 읽으면서 생각이 떠

오를 수 있고, 우리 웹 사이트의 퀴즈를 풀 수 있다. 질문서 (questionnaire)는 성취 차원에서 각각의 패턴과 역량의 스코어를 제시할 것이며, 이를 통해 당신의 완벽주의자 패턴이나 또는 다른 패턴이 어느 정도로 강력한지를 확인하는 것을 도와줄 것이다. 이는 이 차원에서 당신의 건강한 역량이 얼마나 높은지도 알려 줄 것이다.

퀴즈를 풀기 위해서는 http://www.personalgrowthapplication. com/Members/Questionnaire.aspx?Questionnaire=10을 방문하라.

결론

1. 완벽주의자 패턴의 근본적인 치유와 변형

내담자의 심리 치료를 할 때 나는 내면가족체계 치료(Internal Family Systems Therapy: IFS)이론을 적용한다. 이 이론은 매우 강력한 최첨단의 접근 방법으로서, 개척자적인 심리학자 리처드 슈워츠 박사(Richard Schwartz, Ph.D.)가 개발했다. 나는 10여 년 전에 IFS 이론을 알게 된 이래 내담자들의 삶에 놀라운 변화를 볼 수 있었다. 나는 IFS 이론을 만나기 10여 년 전부터 패턴 시스템을 개발하고 있었으며, 두 이론이 서로 자연스럽게 조화되는 것을 발견하고 전율을 느낄 정도로 감격했다.

IFS 이론은 이 책을 사용하여 완벽주의자 패턴을 변형시키는 데 보완적인 역할을 할 수 있다. IFS는 당신의 패턴 아래에 깔려 있는 어렸을 때의 근원적 경험과 동기에 경험적으로 접근하고, 그 패턴을 치유하고 변형시키는 데 도움을 줄 수 있다. 당신이 작업 신뢰감 역량을 개발하기 위한 과제와 훈련을 하면 효과가 훨씬 더 클 것이다. 만약 당신의 패턴을 아주 근본적으로, 그리고 영속적으로 변화시키기를 원한다면, 다음에 설명된 것처럼 당신의 완벽주의자 패턴과 관련해서 IFS 이론을 적용, 실행할 것을 권한다.

2. 내면가족체계 모델

IFS는 때때로 하위 인격체(subpersonalities)라는 정신 세계의 부분들을 하나하나 이해할 수 있게 한다. 그 부분들이 당신의 내부에 있는 작은 사람들이라고 생각하라. 각각은 각자의 조망, 느낌, 기억, 목표 그리고 동기를 가지고 있다. 때로는 각 부분이 서로 대립할 수 있다. 예를 들어, 한 부분은 체중을 줄이려고 노력하고 있는데 다른 부분은 뭐가 됐든 원하는 것은 모두 먹기 원할 수 있다. 우리 모두는 미루는 자, 사랑하는 자, 내부 옹호자, 외로운 아이, 반항자, 돌보는 자 그리고 기타 등등 아주 다른 많은 부분을 가지고 있다.

만약 당신에게 완벽주의자 패턴이 있다면 당신에게는 어떤 실수도 있어서는 안된다고 믿는 부분이 있는 것이다. 당신의 완벽주의자 패턴이나 당신이 가지고 있는 다른 패턴에 대한 작업을 하기 위해서 IFS 이론을 적용할 수 있다.

IFS 이론에서는 우리 모두가 유배자(exiles)라고 하는, 고통 속에 있는 어린 아이의 부분을 가지고 있다고 본다. 이들은 패턴 시스템의 상처와 관련이 있다. 이러한 고통에서 우리를 보호하려고 노력하는 부분을 **보호자**(protectors)라고 하며 패턴들과 관련이 있다.

가장 중요한 것은 IFS 이론에서는 우리는 건강한 핵심 영역 또는 영적 센터인 참 자기(True Self)를 가지고 있다고 보는 것이다. IFS 이론은 자기(Self)에 접근하는 혁신적이고 쉬운 방법을 제시한다. 당신은 자신의 부분을 알아차리기 시작하고 자기(Self) 영역으로부터 그 부분과의 신뢰 관계를 개발한다. 그렇게 하여 그러한 부분이 치유되고 변형되는 것이다.

3. 완벽주의자 부분에 대한 IFS 과정

IFS는 경험적 치료 이론이다. 당신이 단순히 당신의 부분들을 통찰하는 것만은 아니다. 당신이 실제로 내부로 들어가 부분들과 접촉하고 대화를 하는 것이다.

다음은 당신의 완벽주의자 부분들에 대한 IFS의 접근이 어떻게 이루어지는지 간단히 설명한다. 이는 과정이 어떻게 작용하는지에 대해 개념적 이해를 돕는 개관에 대한 것이다. 실제 진행과정은 훨씬 더 세밀하고 전문화되어 있다. 당신이 이러한 짧은 설명을 읽고 IFS 접근을 실행할 수 있게 될 것이라고는 기대하지 않는다. 당신은 나의 저서인 『Self-Therapy』(〈부록 D〉참조)를 통하여 어떻게 IFS 치유 방법에 접근할 것인지를 배울 필요가 있다.

먼저 당신은 당신의 완벽주의자 패턴에 경험적으로 접근한다. 당신은 이것을 정서적으로 느낄 수 있고, 그 단어들을 듣고, 그것이 어떤 것일지에 대한 심리적인 이미지를 가질 수 있다. 그러면 당신은 자기에 접근함으로써 완벽주의자 부분을 분리, 객관화하고 완벽주의자 부분과 연결할 수 있는 준비를 하게 된다. 당신은 완벽주의자 부분을 비판하거나 제거하기를 원하기보다는 완벽주의자 부분의 관점을 그대로 알아가는 데 확실하게 열린 자세를 취한다.

다음은 그 부분이 어떤 일을 완벽하게 하는 데 지속적으로 초점을 맞춤으로써 무엇을 위해 노력하고 있는지 대답하도록 질문한다. 당신은 완벽하지 않은 행동을 취할 경우 어떤 두려운 일이 일어날 것인가를 알기 원한다. 이것은 그 부분이 보호하고 있는 유배자(Exiles, 상처받은 아이 부분)를 알아차리는 것을 도와준다.

이러한 대화를 통하여 당신의 완벽주의자 부분이 이제는 실제로 보호가 필요하지 않는다 해도 당신을 보호하기 위해 어떻게 노력하는지에 대한 확실한 감각을 얻게 될 것이다. 이렇게 함으로써 당신을 대표해서 완벽주의자 부분의 노력에 대해 인정하고 감사할 수 있게 되고, 이러한 인정과 감사는 완벽주의자 부분이 당신을 믿을 수 있게 도와준다.

당신은 완벽주의자 부분에, 완벽주의자가 보호하고 있는 유배자와 함께 작업하는 것을 허락하도록 요청한다. 그러면 당신은 아이 부분을 알기 시작하고, 그 부분이 그렇게도 두려워하고 상처받도록 한 어린 시절의 사건이나 경험이 어떻게 일어났는지를 알게 된다. 당신은 이러한 기억을 경험적인 방법(당신은 이미 알고 있을 수도 있고 그렇지 않을 수도 있다)으로 목격한다. 그것은 당신의 과거와 관련된 정신적 동영상에서 그 부분들을 본다는 것을 의미한다. 그러면 당신은 어린 시절의 장면으로 들어가서 그 어린 아이에게 그때 그 아이가 필요로 했던 것을 준다. 또는 당신은 상처받은 아이 부분을 위해로부터 보호한다. 당신이 그 부분을 어린 시절의 해롭고 고통스러운 상황에서 데리고 나와서 아이가 안전하고 당신과 연결되어 있고 당신의 사랑과 보살핌을 받는 당신의 현재 삶의 현장으로 데려올 수도 있다.

당신은 그 유배자가 오랫동안 겪어야 했던 두려움과 고통에서 벗어날 수 있도록 도와준다. 일단 이러한 일이 일어나면, 당신의 완벽주의자 부분은 더 이상 유배자를 보호해야 할 필요를 느끼지 않을 것이다. 그래서 이 부분이 느긋해지고 과업과 프로젝트를 피하는 노력을 중단한다. 그러면 당신은 당신이 원하는 작업에 확신을 가질 수 있게 될 것이다.

저자가 쓴 『Self-Therapy』는 심리학적 문제에 대해 어떻게 작업할 것인가에 대해 자세하게 설명하고 있다. IFS와 이 모델에서의 전문적인 훈련 과정에 대한 정보는 www.selfleadership. org를 참조하라. 동료들과 나는 당신 자신을 위한 작업에서 IFS 이론의 적용 방법과 이 코스에서 다른 사람들과 동료 상담하는 방법을 배울 수 있는 코스들을 제공하고 있다. IFS 자료는

〈부록 C〉를 참조하라.

4. 결론

나는 이 책이 당신의 완벽주의자 패턴을 변형시켜서 당신이 갈망하는 신뢰감, 끈기 있는 근성, 생산성 등을 내재화할 수 있도록 도움이 되기를 희망한다. 이러한 일이 일어나기 위해서는 제7장의 작업 신뢰감 창출 훈련에 충분히 참여하는 것이 중요하다. 이 자료를 읽고 자신을 이해하는 것이 중요한 단계이지만, 거의 모든 사람은 이러한 작업을 삶 속에서 실행하는 의식적인 작업이 필요하다.

당신은 완벽주의자 패턴 문제를 완전히 해결하기 위해서 다른 패턴들에 대해서도 작업을 해야 할 필요가 있을 수 있다. 당신의 완벽주의자 패턴은 **통제 패턴, 비판적 패턴** 또는 이 책에서 언급한 다른 패턴 가운데 하나와 연결되어 있을 수 있다. 당신이 당신의 완벽주의자 패턴에만 초점을 맞추어 당신이 원하는 작업 신뢰감을 창출할 수 있을 것이나, 당신이 성공하기 위해서는 더 많은 작업을 할 필요가 있을 수 있다. 상황이 이와 같다면 이 시리즈의 다른 책을 읽거나 이러한 패턴에 대해 작업할 수 있는 다른 방법을 찾아보아라.

당신의 패턴이 바로 변화되지 않는다고 해서 실망하지 마라. 인간의 성장은 어떤 자조(self-help)를 위한 책들이 주장하는 것처럼 그렇게 간단하거나 쉬운 과정이 아니다. 마음속 깊이 자리 잡고 있는 문제들을 해결하기 위해서는 시간과 노력 그리고 헌신적인 참여가 필요하다.

　인간적인 성장이란 뒤틀림, 전환, 고통스러운 뜻밖의 새 사실 발견, 예기치 않은 통찰, 의미심장한 변화 그리고 자신에 대해 점점 깊어지는 자각과 숙달 등을 동반한 흥미진진한 여행이다. 나는 이 책이 당신의 성장과 발달에 기여하기를 희망하고 당신이 여유롭고 생산적인 삶을 영위함으로써 스스로 깊은 만족을 얻기를 바란다.

부록 A_패턴 시스템

...

완벽주의자 패턴과 성취 차원은 패턴 시스템의 작은 일부분일 뿐이다. 당신은 패턴 시스템을 이용하여 당신의 정신 세계의 완전한 지도를 얻을 수 있다. 당신은 자신의 강점과 방어기제, 그리고 고통의 근원과 거기에 대한 보상 방법 등을 알아차릴 수 있다. 당신은 내부의 갈등 구조를 이해하게 되고 성장할 준비가 되어 있는 부분을 알게 된다. 패턴 시스템은 당신에게 가장 중요한 핵심 문제를 해결하기 위하여 다음에 무엇을 탐색해야 할지를 명확하게 해 준다.

패턴 시스템과 작업하는 목표는 당신의 참 자기에 의거하여 생활하는 것이다. 참 자기는 패턴들에 의해 조정되지 않고 건강한 관계와 기능을 위한 기술을 개발했을 때의 자연스러운 당신의 모습이다. 작업 신뢰는 참 자기의 한 국면이다.

보다 발전적인 목표는 당신의 초월적 자기(Higher Self)에 의거하여 생활하는 것이다. 초월적 자기는 당신의 영적 영역(spiritual ground)이고 고차원적 역량의 통합이며 고차원적인 성취를 포함하는 것이다.

패턴 시스템은 개인적이고 대인 관계의 차원을 동시에 포함하고 있다.

1. 패턴 시스템의 개인적 차원

성취 차원은 패턴 시스템의 개인적 차원 중 하나일 뿐이다. 각 차원은 최소한 두 가지 이상의 패턴과 역량을 포함하고 있다. 다음은 간략한 설명이다.

(1) 자존감: 당신은 자기 자신에 대해 호감을 갖고 있는가, 아니면 끊임없이 자신을 비판하고 있는가? 당신은 자신을 있는 그대로 받아들이는가? 당신의 자존심으로 자존감을 세우려고 노력하는가? 자신을 향상시키기 위해 어떤 일을 하는가?

(2) 성취: 당신은 일을 계속하고 과업을 완수하는 데 확신이 있는가? 당신은 미루기를 하고 있는가? 당신은 일을 완수하고 성취하기 위해 자신을 밀어 붙이고 비판하는가, 아니면 여유롭게 일을 완수할 수 있는가?

(3) 즐거움: 당신은 음식, 술, 섹스 그리고 육체적 즐거움을 어떻게 다루고 있는가? 당신은 해로운 방법에 빠져있지는 않는가? 해로운 일을 하지 않기 위해 자신을 엄격하게 통제하고 있

는가? 당신은 지나친 탐닉과 징벌 사이를 오가는가?

다른 개인적 차원은:

☐ 행동

☐ 변화

☐ 희망

☐ 탁월함

☐ 결정

☐ 위험

☐ 합리성/감동

이러한 차원은 성취 차원과 구조가 같다. 앞으로 각 차원의 패턴들에 대한 책이 나올 것이다. http://personal-growth-programs.com/pattern-system-series/를 방문해서 책을 구할 수 있는지 검색해 보라.

2. 패턴 시스템의 대인 차원

패턴 시스템은 다양한 대인 패턴 또한 다루고 있다. 다음은 간략한 설명이다.

(1) 갈등: 당신은 욕망과 의견의 불일치, 논쟁, 비판, 분노 그

리고 싸움 등을 어떻게 다루고 있는가? 당신은 피하기 전략을 사용하는가? 당신은 분노하고, 비난하고 또는 방어적이 되는가? 당신은 비심판적인 태도로 대화를 하고 문제에 관해서 당신의 입장을 견지할 수 있는가? 갈등 관계로 깜짝 놀라게 되거나 당신 자신에 대해 유감스럽게 느끼는가? 당신은 갈등적 문제를 제기하고 공격의 한계를 설정할 수 있는가?

(2) 사회성: 당신은 사람들과 사회적으로 어떻게 관계를 맺는가? 당신은 대화를 하기 위해서 사람들과 접근을 하는 데 외향적인가 혹은 수줍어하는가, 두려워하는가, 자신감이 있는가? 당신은 표면에 나서지 않는가, 매력적인가, 주의를 끄는 형인가, 피하는 형인가? 당신은 다른 사람과의 관계를 맺는 방법에서 지나치게 보여 주기 위한 행동을 하는가, 아니면 순수한 의도로 다가가는가?

(3) 보살핌: 당신은 자신의 욕구와 다른 사람의 욕구 간에 어떻게 균형을 조정하는가? 당신은 당신보다 다른 사람을 돌보는 것으로 끝내는가? 사람들이 자기에게 충분한 보살핌과 관심을 보여 주지 않는다고 당신에게 말하는가?

(4) 친밀감: 당신은 친밀감을 피하는가? 지나치게 필요로 하는가? 두려워하는가? 사랑하는가? 당신은 자신의 욕구를 부정하지 않고도 친밀한 관계를 자율적으로 유지할 수 있는가? 당

신은 관계에 지나치게 의존적인가? 자주적일 수 있는가?

 (5) 힘: 당신은 다른 사람들과의 관계에서 힘의 문제를 어떻게 다루는가? 당신은 다른 사람에게 쉽게 굴복하는가? 아니면 다른 사람을 기쁘게 하려고 지나치게 노력하는가? 당신은 통제받을 필요가 있는가? 당신은 지배하려는 사람에 대해서는 자신이 자주적이어야 한다고 느끼는가? 당신은 이유를 모르면서 다른 사람들을 실망시키는가? 자신의 주장을 할 수 있는가? 당신은 협동 정신을 갖고 다른 사람들과 일을 함께 할 수 있는가?

 (6) 분노와 활력: 당신은 분노를 유발할 수 있는 상황에서 자기 방어와 자기주장을 어떻게 하는가? 당신은 분노를 사람들에게 쏟아 버리는가? 당신은 분노를 부인하고 그로 인하여 활력을 잃어버리는가? 당신은 화가 났을 때도 자기중심을 지키고 명확하게 대화를 할 수 있는가? 당신은 민감하게 반응하지 않으면서 강력하고 효과적으로 대처할 수 있는가?

 (7) 믿음: 당신은 일반적으로 사람들을 믿는 편인가? 쉽게 의심하는 편인가? 당신은 사람을 신뢰할 수 없을 때 이를 인지할 수 있는가? 아니면 잘 속는 편인가?

 그 외의 대인 간 차원들:
 □ 정직성

□ 평가

□ 책임감

이러한 차원 각각은 성취 차원과 같은 구조를 가지고 있다. 각 차원의 패턴들에 관한 책이 나올 것이다. http://personal-growth-programs.com/pattern-system/pattern-system-series를 방문해서 어느 책을 구할 수 있는지 알아보라.

3. 상 처

다음은 중요한 상처들이다.

1) 해로운 상처

① 결핍 상처

② 배반 상처

③ 침해 상처

④ 수치 상처

⑤ 공격 상처

⑥ 무기력 상처

⑦ 착취 상처

2) 거절의 상처

① 욕구 상처
② 사랑 상처
③ 결핍 상처

3) 기타 상처

① 죽음 상처
② 재난 두려움 상처
③ 혼돈 상처
④ 절망 상처
⑤ 자기회의 상처

4) 동 기

다음은 중요한 동기의 일부다.
① 위해의 두려움
② 거절의 두려움
③ 자신상실의 두려움
④ 위해를 중지시키려는 의도
⑤ 고통을 중지시키려는 의도
⑥ 연결되고자 하는 의도

⑦ 성공의 두려움

⑧ 실패의 두려움

⑨ 부모와의 대립

5) 열려 있는 시스템

패턴 시스템은 열려 있다. 우리는 종종 새로운 패턴, 하위 패턴, 역량 그리고 차원 또는 새로운 유형의 패턴까지 추가한다. 우리는 패턴 시스템의 발전을 위해서 여러분의 입력을 환영한다. 이 시스템의 자세한 개념을 파악하려면 http://thepatternsystem. wikispaces.com을 참조하라.

부록 B_완벽주의자의 여섯 가지 유형

...

우리는 내부 비판자의 일곱 가지 유형에 대해 확인을 했고, 각각에 대해 효과적으로 작업을 할 수 있는 방법을 배웠다. 이 책은 완벽주의자에 관한 책이다. 다른 여섯 가지는 다음과 같다.

(1) 내부 통제자: 내부 통제자는 당신이나 또는 다른 사람들에게 좋지 않은 충동적인 행동을 통제하려고 노력한다.

(2) 감독자: 감독자는 당신이 성공적이거나 평범해지는 것을 피하기 위해 열심히 일을 하게 하거나 훈련을 시키려고 노력한다.

(3) 암약자: 암약자는 당신이 실패할 수도 있는 위험을 무릅쓰지 않도록 하기 위해 당신의 자신감과 자존감을 약화시키려 한다.

(4) 파괴자: 파괴자는 당신의 기본적인 자기가치감(self-worth)

을 광범위하게 공격한다. 이것은 저변에서부터 수치스럽고 당신이 존재해서는 안 된다고 믿는다.

(5) 죄의식: 죄의식은 과거에 당신이 행했던 (혹은 하지 않았던) 어떤 특별한 행동에 대해 공격한다. 죄의식은 다른 사람들에게 반복적으로 해롭게 했던 행동이나 내면 깊숙이 간직하고 있는 가치를 위반하는 행동을 했을 때, 이에 대한 죄책감을 때로는 갖게 한다.

(6) 주형공: 주형공은 당신이 익숙한 경험이나 문화에 근거를 둔 어떤 방법으로 사회적 틀과 행동에 당신이 맞추어 가도록 노력한다. 이러한 틀은 여러 형태가 될 수 있다. 예를 들어, 보살핌, 공격성, 예의 바름 등이다. 주형공은 당신이 적합하지 않을 때는 공격하고 잘 적응하면 칭찬을 한다.

부록 C_용어 정의

• • •

차원 심리적 기능의 한 영역(힘, 친밀감 또는 자존감)으로서 유사한 문제를 다루는 어떤 패턴과 역량을 포함하고 있다.

건강한 역량 당신의 삶을 생산적이고, 연결되어 있고, 행복하게 만드는 행동과 감정의 양태.

초월적 자기 당신의 영성적 영역으로, 당신의 높은 역량들의 통합.

내부 옹호자 당신을 지지하고 용기를 불어넣어 주며, 자신에 대해 호감을 갖도록 당신을 도와주는 부분으로, 내부 비판자의 부정적 효과를 다루는 특효약이다. 문제의 해결자.

내부 비판자 당신을 비판하고 비하하고 일을 하도록 밀어붙이는 부분. 이것은 당신이 당신에 대해 나쁘게 느끼게 하는 경향이 있다.

대인 패턴 대인 관계에 관여하는 패턴.

훈련 상황 패턴을 지속하는 대신에 행동 변화를 위해 당신이 선택한 건강한 역량을 창조하는 훈련을 하는 기회를 갖게 되는 상황.

동기 패턴을 유발시키는 밑에 깔려 있는 의도(예를 들어, 위해의 두려움이나 승인에 대한 욕망).

패턴 당신 또는 다른 사람에게 문제가 되는 행동과 감정의 양태(예를 들어, 의존적인, 통제하는 또는 비판하는 상태). 패턴은 당신이 처한 상황에서 지나치게 완고하고, 극단적이고, 역기능적이며, 적합하지 않는 경향이 있다.

양극화 당신이 어떻게 행동하고 다른 사람과 어떻게 관계를 맺을 것인가를 결정하는 데 있어 두 부분이 싸우는 역동적인 상태.

참 자기 당신이 패턴에 의해 주도되지 않고 건강한 인간관계를 맺고 그러한 기능과 관련된 기술을 개발했을 때의 당신의 자연스러운 모습. 건강한 역량이 참 자기의 속성이다.

상처 일반적으로 어렸을 때 당했던 위해, 또는 정신적 충격이 큰 외상적 경험(예를 들어, 무시당하거나 맞거나, 방임 등).

부록 D_참고 자료

...

Self-Therapy

Jay Earley 저

내면가족체계(Internal Family System: IFS) 회기를 스스로 또는 다른 파트너와 함께 진행하는 방법에 대한 소개, 전문 치료사가 사용할 수 있는 IFS 치료 매뉴얼 안내.

Self-Therapy for Your Inner Critic

Jay Earley · Bonnie Weiss 공저

내부 비판자 부분에 대한 작업을 위한 IFS 이론 적용 방법.

Resolving Inner Conflict

Jay Earley 저

내면의 갈등에 대한 작업을 위한 IFS 이론을 적용한 방법.

Working with Anger in IFS

Jay Earley 저

지나친 분노에 대해 IFS 이론을 적용한 작업 방법.

Activating Your Inner Champion Instead of Your Inner Critic

Jay Earley · Bonnie Weiss 공저

내부 비판자의 공격에 대처하기 위한 내부 옹호자의 활성화 방법.

Embracing Intimacy

Jay Earley 저

애정 관계에서 당신이 원하는 친밀감을 갖지 못하도록 막는 것에 대한 작업 방법.

Letting Go of Perfectionism

Jay Earley · Bonnie Weiss. 공저

완벽주의로 이끄는 두려움에 대한 작업 방법을 소개하여 당신의 삶에서 조망을 가지고 보다 여유로워지도록 할 수 있는 방법.

부록 E_완벽주의 퀴즈

...

이 퀴즈는 완벽주의자 패턴의 서로 다른 유형에 관한 것이다. 당신의 프로젝트가 결코 만족스럽지 않아서 정규 시간을 넘어서도 계속 일을 해야만 한다고 믿고 있는가? 당신은 창조적인 작업이 결코 만족스럽지 않을 것이라고 걱정이 되어서 그 작업을 착수하는 데 어려움을 겪고 있는가? 당신은 올바른 선택을 하고 완벽한 외모를 갖추는 일에 사로잡힌 자신을 발견하는가? 당신의 기대에 부응하는 삶을 살 수 없다고 느끼는가?

당신의 대답은 당신이 가지고 있는 완벽주의자 패턴의 유형을 보여 줄 것이다.

당신은 어떤 특별한 상황을 마음에 두고 이 퀴즈에 답할 수 있다(예를 들어, 당신의 작업, 학교 또는 자기 수련 등과 관련한 당신의 태도). 또는 당신의 일상적인 삶과 관련해서 답을 할 수도 있다. 당신은 이 퀴즈에 대해 여러 차례 답을 할 수 있고, 결과가 각각 어떻게 다른지 보기 위해 매번 다른 상황에 초점을 둘 수 있다.

거의 모든 사람은 퀴즈를 푸는 데 4분에서 8분 정도 소요된다. 이 퀴즈에는 오래 깊게 생각하지 말고 최선을 다해 답을 하라. 당신의 첫 번째 반응을 표시하라. 정확한 결과를 위해서는 모든 질문에 답을 해야 한다.

---

1. 결코 그렇지 않다.   2. 아주 가끔 그렇다.   3. 가끔 그렇다.
4. 자주 그렇다.   5. 항상 그렇다.

다음 질문에 대한 당신의 반응을 선택하라.

질 문	1	2	3	4	5
나는 프로젝트가 보다 더 좋을 수 있다는 느낌을 항상 가지고 있어서 프로젝트를 끝내는 것이 어렵다.					
나는 실수에 대해 나 자신을 심하게 비판한다.					
나는 일이 결코 만족스럽지 않을 것이라고 느껴서 작업을 시작하는 것이 어렵다.					
나는 작업을 하는 데 '옳은' 길이 있다고 믿는다.					
나는 완벽하지 않은 것에 초점을 맞추고 그것에 사로잡힌다.					
나는 일이 만족스럽지 않다고 생각하기 때문에 나의 일에 대한 칭찬을 받아들이기 어렵다.					
나는 결과가 적합하지 않을 것이기 때문에 글을 쓰는 일이나 또는 창의적인 일을 시작할 수 없다.					

질 문	1	2	3	4	5
나는 내 외모나 가정이 흠잡을 데가 없어야 한다고 믿는다.					
나는 작업을 하기 위해 밤을 새거나 결과를 늦게 제출한다.					
만일 내가 일을 완벽하게 처리하지 않으면 나는 나 자신을 게으르거나, 되는대로라고 비판한다.					
나는 과업이 나의 기준에 도달할 수 없을 것이라고 믿기 때문에 그것을 미룬다.					
나는 나의 자녀들이 완벽하게 행동해야 한다고 믿는다.					
나는 나의 작업이 만족스럽지 않게 느껴져서 작업을 더 계속해야만 한다.					
나는 나의 작업이 마음에 들지 않다는 내면의 소리를 듣는다.					

찾아보기

• • •

저자 소개

Jay Earley

심리학자, 집단지도자, 심리치료사 그리고 교사이자 이론가다. 특히 내면가족체계(IFS) 치료 전문가이며, 패턴 시스템 이론의 창시자다. 「Self-Therapy」를 포함하여 「Interactive Group Therapy」 「Resolving Inner Conflict」 「Freedom From Your Inner Critic」 등 수많은 전문서적을 저술하였다.

Bonnie Weiss. LSCW

개인, 부부 그리고 가족심리치료사, 내면가족체계 치료 워크숍의 교사다. 「Self-Therapy For Your Inner Critic」 「The Illustrated Workbook for Self Therapy For Your Inner Critic」 「Activing Your Inner Champion」 등의 저자이기도 하다.

 역자 소개

최태산(Choi Tae-San)

텍사스 주립대학교 대학원 심리학과 석사
전남대학교 대학원 교육학과 박사
현 동신대학교 상담심리학과 교수
　　AP 한국본부 Trainer
　　게슈탈트 심리치료 전문가
　　한국상담심리학회 상담심리전문가
　　한국상담학회 상담심리전문가 및 슈퍼바이저
　　한국 학교상담학회 회장
　　전국 재난심리지원 연합 회장

이성용(Lee Sung-Yong)

서울대학교 문리과대학 사학과 학사
중앙대 사회개발대학원 사회복지학과 석사
동신대학교 대학원 상담심리학과 박사과정
전 한국경제신문사 사업국장
　　초당대학교 겸임교수
현 고구려대학교 강사
　　사회복지법인 해남등대원 이사장
　　참 자기 상담심리연구소 대표

여유로운 마음가짐을 위한

완벽주의 해결하기
Letting Go Perfectionism: Gaining Perspective, Balance, and Ease

2016년 11월 15일 1판 1쇄 발행
2021년 4월 20일 1판 2쇄 발행

지은이 • Jay Earley · Bonnie Weiss
옮긴이 • 최태산 · 이성용
펴낸이 • 김 진 환
펴낸곳 • (주)**학지사**

　　　　04031 서울특별시 마포구 양화로 15길 20 마인드월드빌딩 5층
대표전화 • 02) 330-5114　　팩스 • 02) 324-2345
등록번호 • 제313-2006-000265호
홈페이지 • http://www.hakjisa.co.kr
페이스북 • https://www.facebook.com/hakjisabook

ISBN 978-89-997-0568-7 03180

정가 **13,000원**

이 도서의 국립중앙도서관 출판시도서목록(CIP)은 서지정보유통지원시스템
홈페이지(http://seoji.nl.go.kr)와 국가자료공동목록시스템(http://www.nl.go.kr/kolisnet)
에서 이용하실 수 있습니다.
(CIP제어번호: CIP2014034837)

출판 · 교육 · 미디어기업 **학지사**

간호보건의학출판 **학지사메디컬** www.hakjisamd.co.kr
심리검사연구소 **인싸이트** www.inpsyt.co.kr
학술논문서비스 **뉴논문** www.newnonmun.com
원격교육연수원 **카운피아** www.counpia.com